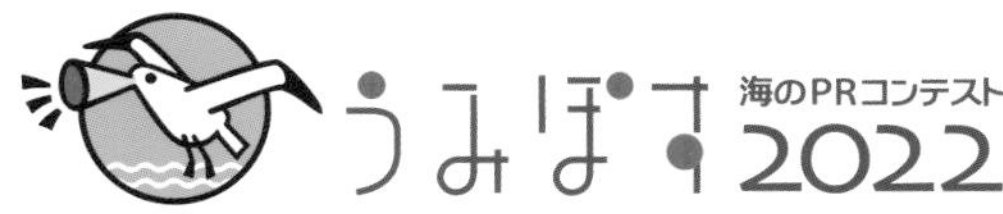

160選

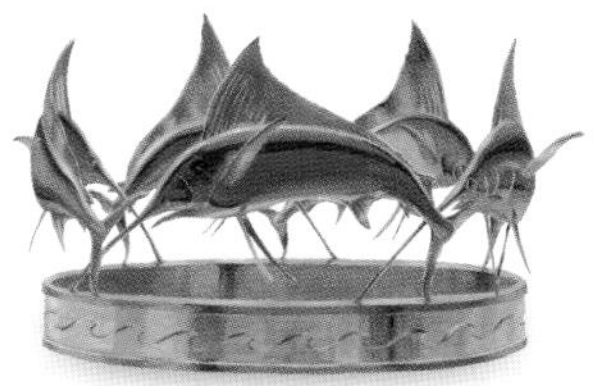

海が生んだスター☆たち

海のPRコンテスト「うみぽす2022」作品集

はじめに

日本全国、津々浦々の「海からのメッセージ」を
ポストカードに乗せて・・・

海と日本PROJECTの一環として開催されている海のPRコンテスト「うみぽす2022」。今回も4,103点の応募がありました。

ご応募いただきましたすべての皆様に御礼を申し上げます。

開催にあたりご後援をいただいた国土交通省、文部科学省、環境省、観光庁の皆様、また、ご協賛をいただいたビックカメラ様、日本郵便様ほか数多くの関係者の皆様のご後援、ご援助に厚く御礼申し上げます。

応募作品は厳正なる審査を経て、まず全作品の中から160点が入賞作品として選出されます。そして最終審査で各部門のグランプリ・準グランプリをはじめ、各賞が決定します。

海離れが叫ばれる昨今、このコンテストを機会に、お気に入りの海をテーマにポスターやポストカードなどを創作することで日本の海の魅力を再発見してもらい、その素晴らしさを表現、アピールしていただくことが狙いです。完成した作品を見る方々にとっては、そこに描かれた日本の海にある美しい風景、人々、海の幸など、多様性に富んだ文化を再認識してもらい、次世代のこどもたちにその魅力を伝えていけるようなコンテストを目指して開催されています。

本書では第一次審査で選出された入賞作160点を作品集として収載、ポストカードとしても使えるように編纂されております。個性あふれる魅力的な作品の数々をご鑑賞いただくとともに、海からのメッセンジャーとしてご活用ください。

「うみぽす2022」実行委員会
スタッフ一同

「うみぽす」海のPRコンテスト2022で使用された募集用の案内チラシ

ワークショップ開催地募集中

あなたの町で「ポスターの作り方」ワークショップを開催しませんか？
ご希望の方はうみぽす事務局へご連絡ください。（Tel. 03-6281-5033）

「うみぽす」公式ホームページ ➡ **https://umipos.com/**

「うみぽす2022」概要

名称	海と日本PROJECT「うみぽす」海のPRコンテスト2022
テーマ	「この海に来て」「海を守りたい」「おいしい海」のうちから1つ
題材・対象	日本全国の海や海の周辺地域に関わるものすべて(景色・人・食など)
応募資格	こども/大人、個人/法人・団体、プロ/アマを問わず
応募方法	うみぽす公式ホームページ(umipos.com)から応募
募集締切	2022年10月2日(日) 23時59分59秒まで
特別賞	【ポスター部門:一般の部】 グランプリ:賞金30万円 準グランプリ:賞金5万円 【ポスター部門:こどもの部】 グランプリ:図書カード3万円 準グランプリ:図書カード1万円 【ポスター部門:インスタの部】 グランプリ:賞金10万円+副賞カメラ 準グランプリ:賞金5万円 【ポストカード部門:一般の部】 グランプリ:賞金30万円 準グランプリ:賞金5万円 【ポストカード部門:こどもの部】 グランプリ:図書カード3万円 準グランプリ:図書カード1万円 【サスティナブル奨励賞】 海と日本PROJECT賞(エリア賞の中から選出):賞金5万円 SDGs14海の豊かさを守ろう賞(全部門の全作品から選出):賞金5万円 うみめし賞(全部門の全作品から選出):賞金5万円 【審査員特別賞】 日本郵便賞(ポストカード部門から選出):副賞 ビックカメラ賞(全部門の全作品から選出):副賞 石原 良純 賞(全部門の全作品から選出) 別所 哲也 賞(全部門の全作品から選出) 矢ケ崎 紀子 賞(全部門の全作品から選出) 古谷 千佳子 賞(全部門の全作品から選出) 田久保 雅己 賞(全部門の全作品から選出)
入賞特典	入賞者には、後日、全入賞作を掲載した「作品集」を贈呈します。(2023年3月出版予定)。
入賞規定	入賞者は後日、原本もしくは実データを郵送いただきます。 ※お送りいただけなかった場合やサイズ等応募規定に反している作品は入賞取消となりますのでご注意ください。 ※原本をお送りいただいた場合、応募作品は返却しませんのであらかじめご了承ください。
主催	一般社団法人 海洋連盟
共催	株式会社舵社、公益財団法人 日本財団
協賛	日本郵便株式会社、株式会社ビックカメラ
後援	国土交通省、文部科学省、環境省、観光庁

CONTENTS

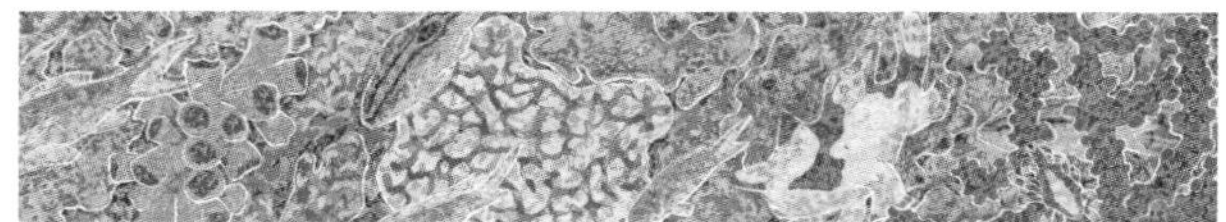

審査員の紹介とコメント

玉木 明

Tamaki Akira

切手デザイナー
日本郵便株式会社 郵便・物流事業企画部
切手・葉書室

うみぽすの審査については2019年に初めてお引き受けし、今回で4回目となりました。うみぽすの審査をひと言でまとめて言うと、それは「楽しい」ということになります。

審査は、会場にたくさんの作品が並べられ、審査員がまるで回遊魚のように作品の海を回って行くような形で行われます。そして、ひとつひとつの作品を眺め、その意図を汲み取っていきます。と言っても、難しい顔をしている審査員は一人もなく、皆さんクスクスと笑ったり、ほっこりとほほ笑んだり、近くに来た審査員と「これ、面白いよね」と談笑したり、そんな雰囲気です。もちろん、審査ですから真剣には見ているんですが、楽しい作品・あたたかい作品が多いので、いつの間にか和やかなムードになるんですね。

うみぽすの応募作品の全体感も安定してきて、それはこのコンテストの良いところでもあるんですが、欲を言えば新しい別の視点を持った作品の登場も期待するところです。

楽しさそのままに、その上で審査員の意表を突くような作品も見てみたいと思います。

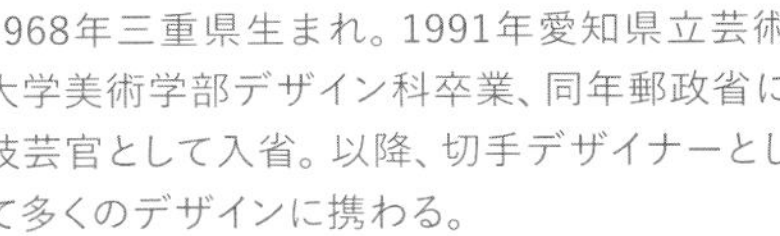

1968年三重県生まれ。1991年愛知県立芸術大学美術学部デザイン科卒業、同年郵政省に技芸官として入省。以降、切手デザイナーとして多くのデザインに携わる。

代表作：切手趣味週間（2004年、2011年～）、国際文通週間（1999～2009年、2013年～）、野菜とくだものシリーズ（2013～2016年）、正倉院の宝物シリーズ（2014～2016年）、関西国際空港開港記念（1994年）、東日本大震災寄附金付（2011年）、伊勢志摩サミット（2016年）、G20大阪サミット（2019年）、東京2020オリンピック・パラリンピック関連切手（2019-2021年）

ビックカメラ

BicCamera

海のPRコンテスト「うみぽす2022」に多くのご応募をいただきましたことに感謝申し上げます。

ビックカメラは海洋連盟様の企画趣旨に賛同し、2018年よりうみぽすに参加させていただき、今年で5年目となりました。

今年の「この海に来て」「海を守りたい」「おいしい海」というテーマのもと、全国各地の魅力を伝える素晴らしい作品を多数ご応募いただき、どの作品も海に対する熱い思いがとても伝わる素晴らしいコンテストでした。

この企画を通じて、様々な海の魅力の発見や、海の環境問題に目を向けるきっかけに繋がることを期待しております。

受賞された皆様、誠におめでとうございます。

1978年 5月 創業
1982年 6月 池袋東口店（現 ビックカメラアウトレット池袋東口店）を開店
1992年 12月 ビックポイントカードを導入しポイントサービスを開始
1999年 8月 日本ビーエス放送企画（株）（現 日本BS放送（株））を設立
2003年 10月 インターネットショッピングサイト「ビックカメラ.com」を開設
2005年 1月（株）ソフマップと資本業務提携
2008年 4月 環境省の「エコ・ファースト制度」第1号に認定される
2008年 6月 東京証券取引所市場第一部に株式を上場
2012年 5月（株）コジマと資本業務提携
2015年 1月 ビックカメラ女子ソフトボール高崎を創部
「都市型」×「駅前」×「大型」を中心とした店舗に加え、セレクト型専門店などを全国に47店舗を展開

石原 良純

Ishihara Yoshizumi

俳優／気象予報士

今年も、それぞれの海にそれぞれの想いを込めたたくさんの作品に出会いました。十人十色、海への想いは違います。自分の想い描く海のベストショットをポスターにしたものもあれば、偶然に出会った心揺さぶられた景色を作品に封じ込めたものもありました。

考えてみれば、海はいつも美しかったり、楽しかったりばかりするものではありません。海の厳しさや恐さが伝わる画も見てみたい気もします。そこにどんなキャッチコピーがつくのかで、作品はより海の魅力を伝えてくれるのかも。

うみぽすは年々、進化を続けています。今年の作品を楽しみつつ、来年はまたどんな作品が見られるのだろうと、そんな気の早い想いを抱きながら審査していました。

でも、やっぱり海には笑顔が似合うかな。ウム……。

1962年神奈川県逗子生まれ。慶應義塾大学経済学部卒業。1984年松竹富士映画「凶弾」でデビュー。その後、舞台、映画、テレビドラマなどに出演。テレビ朝日「週刊ニュースリーダー」司会、テレビ朝日「モーニングショー」コメンテーターなど多数。ドラマは、NHK大河ドラマ「花燃ゆ」など多数。湘南の空と海を見て育ったことから気象に興味を持ち、気象予報士試験へ挑戦。1997年、見事合格、日本の四季、気象だけではなく、地球の自然環境問題にも力を入れている。2001年に出版された「石原家の人びと」(新潮社)はベストセラーとなり、作家としても注目を集める。また、官公庁・地方自治体の環境講演会、シンポジウム多数。

別所 哲也

Bessho Tetsuya

俳優／「ショートショート フィルムフェスティバル ＆ アジア」代表

海に囲まれた海洋国家　日本。

海と繋がる想い、海を大切にする想い。海のない地域からの海への憧憬。今回も創意工夫にあふれた作品ばかりでした。キー・メッセージのフォント選びや構図はもちろんのこと、グラフィックデザインなどを駆使した作品も数多く見受けられました。表現は、個性です。そして無限に広がります！

自由に表現できることの素晴らしさ！

コロナ禍を経て、かけがえのない自然の大切さや、海との関わり合いを感じる、今回も素晴らしい時間になりました。ありがとうございます。

1990年、日米合作映画『クライシス2050』でハリウッドデビュー。米国俳優協会(SAG)会員となる。その後、映画・ドラマ・舞台・ラジオ等で幅広い活躍中。「レ・ミゼラブル」、「ミス・サイゴン」などの舞台に出演。99年より、日本発の国際短編映画祭「ショートショート フィルムフェスティバル ＆ アジア」を主宰し、文化庁長官表彰受賞。観光庁「VISIT JAPAN大使」、外務省「ジャパン・ハウス」有識者諮問会議メンバーに就任。内閣府「世界で活躍し『日本』を発信する日本人」の一人に選出。第1回岩谷時子賞奨励賞受賞。第63回横浜文化賞受賞。

矢ケ崎 紀子

Yagasaki Noriko
東京女子大学
現代教養学部国際社会学科 教授

今年の応募作品もレベルの高いものが多く、とても楽しく、また、刺激を受けながら拝見しました。特に、ユーモアのある楽しい作品、そして、美しい作品が多かったように思います。今年は「思わずみんなが笑顔になるような楽しい表現」の作品を募集しましたから、このことが皆さんの共感を得て多くの応募をいただけたのだと思います。ありがとうございました。

審査をしながら、皆さんの海への愛情や想いが伝わってくることをひしひしと感じておりました。また、SDGsの観点からの作品が昨年から多くなってきたのですが、同様の傾向でした。今年は、海を綺麗に！というメッセージが、とてもユニークで訴求力のある表現方法でなされていたのが印象的でした。

応募作品はどれもこれも、それぞれに見どころがあり、感心させせられる出来栄えで、本当に審査に苦労しました！でも、とってもやりがいのある審査でした。

九州大学大学院法学府修士課程修了。専門分野：観光政策論、観光産業論。（株）住友銀行(1987年4月～1989年10月)、(株)日本総合研究所(1989年10月～2014年2月)、国土交通省観光庁参事官(観光経済担当)(官民交流, 2008年10月～2011年3月)、東洋大学国際観光学部教授(2014年4月～2019年3月)を経て現職。日本貨物鉄道株式会社 社外取締役(2014年6月～)、国土交通省交通政策審議会委員、社会資本整備審議会臨時委員、国土審議会特別委員。

古谷 千佳子

Furuya Chikako
海人(うみんちゅ)写真家

新型コロナウィルス感染症対策としての行動制限が、順次緩和されているとはいえ、笑いに飢えているのでしょうか？今回は「クスッと」笑みがこぼれるような作品に目が止まりました。また赤色と緑色の補色の関係により「元気」を与えてもらえる・・・というように、色彩が感情にダイレクトに影響を与えてきました。

「1枚の写真で勝負！」と写真家の私は言い切りたいところですが、海への想いを「言葉」「写真」「イラスト」など、自由に組み合わせての表現は面白いな、と皆さんの作品を拝見するたびに強く感じます。

海という一見クールな色に、対比の色を置いたり、面白い文字や形を入れることでで、作品に動きを与えられます。一つの言葉、一つの色を持って大好きな海へ足を運び作品を作り、「うみぽす」への応募をゴールという順番でも、新しい海を発見できるかもしれませんね。

沖縄在住写真家。沖縄の海人(漁師)に憧れ、20代で沖縄に移住。潜水漁業など海の仕事に従事した後、写真家となる。伝統漁業、海辺の暮らしの撮影を続け、2007年に毎日放送「情熱大陸」で海人写真家として取り上げられた。2010年より全国の海女の撮影開始。沖縄伝統空手の世界に飛び込み空手歴10年、4段。2018年沖縄県民体育大会、空手競技・サイの部で優勝。伝統空手の理にかなったカラダの使い方と海人・海女の身体機能美を繋ぎ合わせるべく模索中。2022年12月「カラテとカラダ」写真企画展開催。

田久保 雅己

Takubo Masami
「うみぽす2022」実行委員長／
株式会社 舵社 編集長

若かりし頃、コピーライターの登竜門とされる「宣伝会議賞」に応募するために、会社勤めをしながら夜学の「コピーライター養成講座」に通ったことがあります。専門コースになると講師から毎週のように課題が出され、先生が20名ぐらいの受講者のキャッチフレーズを評価します。そうした中、毎週必ずといっていいほど最優秀になる若者がいました。あるとき彼に、その極意をたずねたところ「提出日の前夜までに書いたキャッチを、ここまでは誰もが書いているはずなので、すべてゴミ箱に捨て、そこから徹夜で新しいキャッチを書く」というのです。一つのテーマに最低でも500点、多い時は1,000点ぐらい書き、その中から誰も発想しない視点と、中学生ぐらいでも理解しやすいものを選ぶとのことでした。

今では彼は有名なコピーライターですが、やはり人の心に響く言葉というのは、才能があるだけでなく、背景に努力があるものですね。来年の「うみぽす」のご参考にしていただけたら幸いです。

1953年生まれ。学生時代からクルーザーヨット部主将としてレースやクルージングで活躍。卒業後はヨット・ボート専門出版社㈱舵社に就職。以来、昨年創刊91年を迎えた雑誌「kazi」の編集長、常務取締役などを歴任。2005年に海のライフスタイルマガジン「Sea Dream」を創刊。編集長として取材活動をするかたわら、国土交通省海事局が推進するUMI(海へみんなで行こう)協議会の会長やマリンジャーナリスト会議会長などを務めながら、海洋レジャー普及振興のために尽力。取材で訪問した国は35カ国を超え、内外のマリン事情に精通。著書に「海からのメッセージ」、「ヨット・ボートに乗るキッカケ教えます」(舵社刊)などがある。

（左）作品のパネルを掲げた受賞者（前列）の皆さん。後列のプレゼンターは左から石原良純さん（俳優・気象予報士）、古谷千佳子さん（海人写真家）、本間幸仁さん（日本郵便株式会社総務室 室長）、増田文昭さん（株式会社ビックカメラ MD本部 企画宣伝室 室長）、田久保雅己（実行委員長）

（下）うみぽす2022表彰式の開会を宣言する日本財団海洋事業部の西井 諒さん

「うみぽす2022」表彰式に応募4,103点から選ばれた各賞受賞者が集結！

石原良純プレゼンターからポスター部門一般の部グランプリの表彰を受けるnoteさん。イラスト作品でのグランプリ受賞はうみぽす史上初めてのこと

「うれしいです！ ありがとうございます！」と元気にインタビューに応えるポスター部門こどもの部グランプリの飯田陽大君

海のPRコンテスト「うみぽす2022」の表彰式が、11月27日（日）に、東京都千代田区のギャラリー＆オープンスペース、LIFULL TABLEにて開催されました。「うみぽす」は、海洋連盟主催、日本財団と舵社が共催する「海と日本PROJECT」の一環として実施するもので、自分の好きな海の魅力をポスター＆ポストカード＆インスタ作品で表現・発信するコンテスト。入賞作品はすべて、自治体や企業、商店などで無料で利用できる「地域の財産」となります。地元の海の魅力の再発見など「海おこし」を応援する全員参加型の地方創生プロジェクトです。

8回目の開催となる今回は「この海に来て」「海を守りたい」「おいしい海」からテーマを1つ選び、写真やイラスト、動画などを使った海のPR作品を募集しました。対象はプロ・アマはもちろん年齢、性別、国籍を問わず、つまり誰でもOKという間口の広い「うみぽす」。長引くコロナ禍の影響か前年よりわずかに減りましたが、全国から4,103点もの応募がありました。ちなみに2015年スタート以来の累計は26,697点。まさに一大コンテストに成長しています。

これらの中から厳正な審査の結果、各部門の合計160作品を入賞作として選出。さらに最終審査により、各部門のグランプリ・準グラン

今回の表彰式では、用意されたタブレットを会場のあちこちにかざすと受賞作品を確認できるAR展示を実施

プリと、審査員特別賞、SDGs14海の豊かさを守ろう賞、うみめし賞、日本郵便賞、ビックカメラ賞、海と日本PROJECT賞の各受賞作が決められました。

表彰式当日、前年に引き続き感染症予防のため、会場には各部門のグランプリをはじめとする一部受賞者のみが参加しました。縮小版の式典ながら受賞者のご家族、テレビ局など地元メディアも駆けつけ、大いに盛り上がりました。また、今回もこの表彰式の様子はYouTubeでライブ配信され、来場できなかった入賞者などを含め多くの人が視聴することとなりました。

表彰式は、日本財団海洋事業部の西井　諒さんの開会の挨拶に始まり、審査員の石原良純さん(俳優・気象予報士)、古谷千佳子さん(海人写真家)、本間幸仁さん(日本郵便株式会社 総務室 室長)、増田文昭さん(株式会社ビックカメラ MD本部 企画宣伝室 室長)の各プレゼンター、田久保雅己うみぽす2022実行委員長からお祝いの言葉が述べられました。表彰された皆さんは緊張の中にも喜びがあふれている様子で、それぞれ受賞の心境や作品についてにこやかにコメントをしていました。

毎年、注目が集まるポスター一般の部グランプリは秋田県男鹿半島をPRしたnoteさんが受賞。男鹿半島の美しい海に地元の伝統行事でお馴染みの「ナマハゲ」がサーフィンをしながら登場するというユニークな題材が各審査員から高い評価を受けました。また、同作品は「うみぽす」史上初めてグランプリに輝いたイラスト作品となりました。これまで写真作品が選ばれ続けていた「うみぽす」では新しい動きであり、審査員からは今後さらに自由な発想の作品が増えてくるのではと期待の言葉も寄せられました。

海のPRコンテスト「うみぽす2022」 特別賞受賞者一覧

(敬称略)

ポスター部門

一般の部 グランプリ	note／場所：秋田県(男鹿半島)
一般の部 準グランプリ	今井寛治／場所：岐阜県(谷汲町)
こどもの部 グランプリ	飯田陽大／場所：静岡県(駿河湾)
こどもの部 準グランプリ	小川結愛／場所：福岡県
インスタの部 グランプリ	大賀美紅／場所：大分県(真玉海岸)
インスタの部 準グランプリ	山ちゃん／場所：長崎県(佐世保市)

ポストカード部門

一般の部 グランプリ	KANO／場所：兵庫県(須磨海浜公園)
一般の部 準グランプリ	Kanami_8787／場所:大阪府(大阪まいしまシーサイドパーク)
こどもの部 グランプリ	コ☆キチ／場所：宮崎県(宮崎県全域の海)
こどもの部 準グランプリ	江川みのり／場所：山口県(周防大島)

サスティナブル奨励賞

海と日本PROJECT賞	三浦日彩／場所：青森県(八戸港)
SDGs14海の豊かさを守ろう賞	白石雪乃／場所：神奈川県(江ノ島 鵠沼海岸)
うみめし賞	にしまたひろし／場所：広島県(広島湾)

審査員特別賞

日本郵便賞	大松雅士／場所：東京都(小笠原諸島)
ビックカメラ賞	大根英樹／場所：東京都(新島)
石原 良純 賞	ゆーま／場所：神奈川県(逗子海岸)
別所 哲也 賞	草刈利枝子／場所：茨城県(京知釜海岸)
矢ケ崎 紀子 賞	吉﨑ゆみ／場所：大分県(田ノ浦海浜公園)
古谷 千佳子 賞	前里心花／場所：沖縄県(久米島 イーフビーチ)
田久保 雅己 賞	Kanami_8787／場所：京都府(伊根の舟屋)

うみぽす2022
特別賞
受賞作品

ポスター部門
一般の部 グランプリ

note

note

（東日本デザイン&コンピュータ専門学校
デザイン学科 グラフィックデザインコース）

私の海☆秋田県

秋田県（男鹿半島）
海と日本プロジェクト秋田エリア賞

［審査員のコメント］

「うみぽす」は今年で8回目となりましたが、初めてイラストをベースにしている作品がグランプリに選ばれました。波のパイプラインの中を颯爽とサーフィンするナマハゲ、というダイナミックな構図。極太でありながら、かすれた文字。「男鹿」の字の上に乗っている怪獣らしきシルエットが、おどろおどろしたさまを表現しています。数ある作品の中で審査員たちの目を一瞬で釘付けにしました（田久保雅己）

［制作者のコメント］

本来、ナマハゲは大晦日の晩にやってきますが、昼間の海からサーフィンをしたナマハゲが「泣く子はいねが」と言いながら登場したら面白いかもと思い、デザインしました。男鹿半島には「ゴジラ岩」と呼ばれるゴジラの形をした岩があります。そのゴジラ岩をフォントの一部として溶け込ませました。ナマハゲに会いたい方は、男鹿の「なまはげ館」へ！ 表情豊かなナマハゲに会うことができます。ナマハゲ以外にも豊かな自然やおいしいごはん、秋田犬など秋田にはたくさんの魅力があります。ぜひ、皆さん秋田にお越しください。

ポスター部門
一般の部 準グランプリ

今井 寛治

Imai Kanji

私の海☆岐阜県

岐阜県（谷汲町 ※揖斐郡揖斐川町）

［審査員のコメント］

海なし県（岐阜県）でありながら「海」を感じさせてくれるポスターです。川の谷間に舞うホタルの光、森の先に見える空、川面に写る電車の煌めき。それぞれが画面の中にバランスよく収まっているために、静寂感が増長します。その静けさの中を、鉄橋を渡る電車のゴトンゴトンという音が聞こえてくるようです。おいしい水を・・・海へ・・・届けてくれるのですね。絵画のような、美しい作品です。（田久保雅己）

［制作者のコメント］

ゲンジボタルが乱舞する、根尾川に注ぐ小川にかかるローカル線の鉄橋。とてもいいロケーションで素晴らしい風景を見せてくれました。とても素晴らしい場所ですが、このローカル線ができるだけ長く存続でき、ゲンジボタルもいつまでも繁殖できる環境が残っていくことを願っています。
一昨年のグランプリ、昨年の入賞に続き、今回準グランプリに選んでいただけたのは光栄なことで、とても運がいいと喜んでいます。
岐阜県は海のない県ですが、木曽三川（木曽川、長良川、揖斐川）を代表に、海への起点となる森や川に恵まれた場所です。そんな豊かな環境をできるだけ次世代に残せるように写真も撮り続けていきたいと思っています。

ポスター部門
こどもの部 グランプリ

飯田 陽大
Iida Haruhi

私の海☆静岡県

静岡県（駿河湾）

［審査員のコメント］
画面いっぱいに描かれたタカアシガニの勇姿。カニの胴体や脚は無造作に色付けされたように見えますが、カニの表面のイメージを見事に表現しています。駿河湾が日本一深い海、というメッセージも知識欲をくすぐる効果絶大。お子さんらしい、大胆な構図に惹きつけられました。（田久保雅己）

［制作者のコメント］
駿河湾は日本一深い湾です。初めて海を見た時、キラキラ輝いていて大好きになりました。駿河湾の海の底には世界最大の甲殻類タカアシガニが棲んでいます。足が長くてかっこいいです。僕は今度、駿河湾の海で泳いでみたいです。

ポスター部門
こどもの部 準グランプリ

小川 結愛

Ogawa Yume

（太宰府アートのたね）

私の海☆福岡県

福岡県

［審査員のコメント］

この作品が見る者の目を引いたのは、魚をタテに描いているところでしょう。海面から飛び立つ瞬間、宙に舞う瞬間の尾ひれにからんだ残り波によって、画面全体に躍動感が漂っています。文字を、ただ単に「トビウオ」と縦列に書かずに、1字ずつずらしたことによって、飛び立って魚体が躍動する感じが伝わってきました。（田久保雅己）

［制作者のコメント］

この絵は、元気良く空へ飛び出していくトビウオをイメージして描きました。色をグラデーションさせる時、うまく馴染ませることができずに苦労しました。完成したトビウオの絵を見た時、「トビウオだよ！」としゃべっているように感じたのも表現してみました。準グランプリに選ばれたと知った時は、びっくりし過ぎて固まってしまいました。でも、とてもうれしかったです。これからも大好きな絵をたくさん描きたいです！準グランプリになったと聞いて、島根に住むおばあちゃんに知らせたら「トビウオは島根県の県魚よ」と喜んでくれました。トビウオのだしのアゴだしは福岡の人が大好きな味です。おばあちゃんの住む島根県とトビウオを通じて繋がることができてうれしかったです。

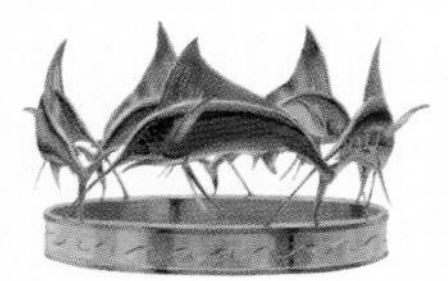

ポスター部門
インスタの部 グランプリ

大賀 美紅

Oga Miku

私の海☆大分県

大分県(豊後高田市 真玉海岸)

[審査員のコメント]

まるで絵画のような風景ですね。“干潮と日の入りが重なる日”の、ほんのわずかな時間にしかこの場所に立つことができない。その一瞬をとらえた、写真とは思えない美しさです。この写真を見ているだけで感動が伝わってきます。「今を大切に時を刻む」。作者が大自然の営みから学んだ言葉に、心が引き締まりました。
(田久保雅己)

[制作者のコメント]

ここ“真玉海岸”は、夕陽の光とともに、鮮やかに反射した海を一望できる場所。この景色は、天気はもちろんのこと、“干潮と日の入が重なる日”のごくわずかな時間にだけ現れる一瞬の景色。
そんな絶景を目の前にして感じたことは“今を大切に”でした。「今」は一瞬で過去になり、その「今」が未来に繋がる。
日々起こりゆく様々な「時」を刻みながら、今日も私は“今を大切に”を信念に、思い描く未来へ一歩ずつ前進します。

ポスター部門
インスタの部 準グランプリ

山ちゃん

Yamachan

私の海☆長崎県

長崎県(佐世保市)

[審査員のコメント]

砂と水中メガネだけで、海であることを表現したところがこの作品のポイントです。そして、少年のとびきりの笑顔。海の遊びはいろいろあります。最近は「砂が身体につくから嫌だ」などという人もいるようですが、浜辺の砂遊びに興じることの楽しさ、その砂浜がいつまでも綺麗であってほしいと願う、癒される作品です。
(田久保雅己)

[制作者のコメント]

毎年家族で行っている海での作品の受賞でとてもうれしいです。こどもも海が大好きで満面の笑みの写真が撮れました。長崎県の海は美味しい魚もたくさんとれますし、遊ぶ海水浴場も多いです。たくさんの方に知っていただければうれしいです。そしてゴミなどのマナーを守り、綺麗な海を守っていけたらいいなと感じました。この度は素晴らしい賞をありがとうございました。

ポストカード部門
一般の部 グランプリ

KANO

KANO

私の海☆兵庫県

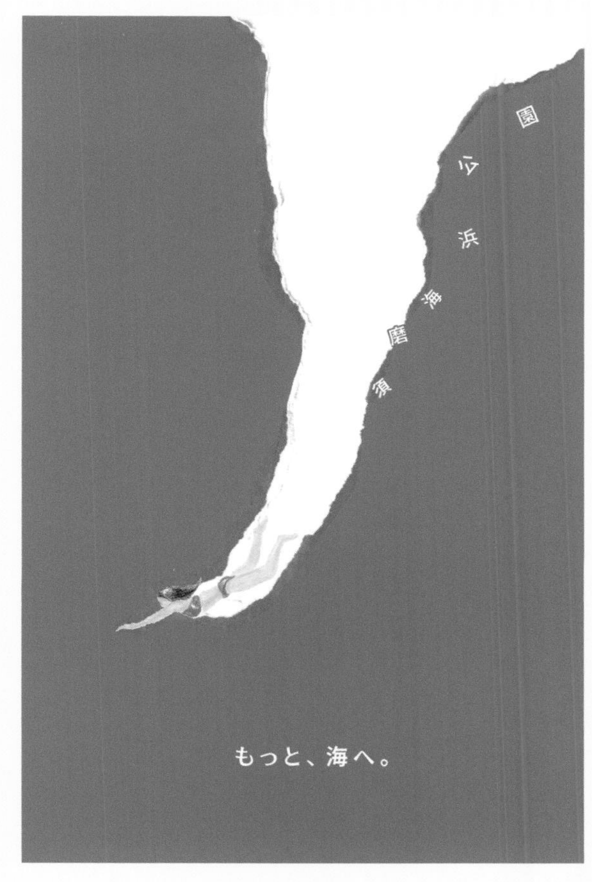

兵庫県（神戸市 須磨海浜公園）

［審査員のコメント］

潔く、そして、爽快な作品です。

「ザブーン！ブクブクブク…」、そんな音が聞こえてきます。そして、「あー、いいなぁ、自分もやってみたいな」と思ってしまいます。でも、この絵のような深さに潜るには、実際には相当な高さの所から飛び込まなくてはならず、それを想像すると足がすくんでしまいますね。

海へのダイビング、その気持ちのいいところだけを切り取ることに成功した素晴らしい作品。グラフィックの力を感じます。（日本郵便）

［制作者のコメント］

私のいちばん身近な海である須磨海浜公園の魅力を、1枚の折り紙を使って表現しました。海に飛び込む気持ち良さを感じてもらえたらうれしいです！

ポストカード部門
一般の部 準グランプリ

Kanami_8787

Kanami_8787

私の海☆大阪府

大阪府（大阪市 大阪まいしまシーサイドパーク）
海と日本プロジェクト大阪エリア賞

［審査員のコメント］

手前に咲き誇るネモフィラ、その向こうに大阪湾があり、さらに同じトーンで向こうの陸地が続きます。そして空。空には穏やかにたなびく白い雲の群れ。画面中央には佇むヨット。そうやって見ていくと、この写真はもしかしたら奇跡的なタイミングをとらえたものかもしれません。それでいて、強い主張がないところがいいんです。「これ、大阪?」って、審査員の皆さんも話題にしていました。（日本郵便）

［制作者のコメント］

この度はポストカード部門 一般の部 準グランプリにお選びいただきまして誠にありがとうございます。大変光栄です。
コロナウイルス感染拡大の影響で3年ぶりの開催となったネモフィラ祭り。100万株のネモフィラが元気良く咲き誇っていました。お天気にも恵まれ、ネモフィラ、大阪湾、空が織りなす青の三重奏がとても素敵でした。春の日差しを浴びてヨットで気持ちの良い海の旅が繰り広げられているようです。「どこでも成功」という花言葉を持つネモフィラ。これを見てくださったすべての皆様に幸運が訪れますように。

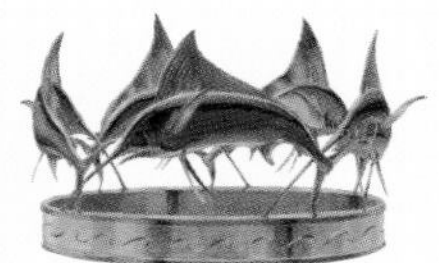

ポストカード部門
こどもの部 グランプリ

コ☆キチ

Ko☆kichi

（宮崎大学教育学部附属小学校）

私の海☆宮崎県

宮崎県（宮崎県全域の海）
海と日本プロジェクト宮崎エリア賞

［審査員のコメント］

ぐいぐいと強い調子でたくさんの種類のお魚が描かれています（13匹のお魚と1匹のイセエビ？）。何がすごいって、1匹1匹のお魚が集中力を切らすことなく、全部描き分けられているというところです。しかもみんな生命力にあふれ、生き生きとした姿で描かれています。コ☆キチさんのような集中力と持続力は、なかなか真似してできるものではありません。見習いたいものです！（日本郵便）

［制作者のコメント］

僕は小さい頃から釣りをしていて海が大好きです。 そして宮崎には、いろいろなブランド魚もいてすごく豊かな漁場になっています。またアカメなどの希少魚もいる、そんな僕の大好きな宮崎の海をもっと知ってもらい、これからも守ってもらいたいという思いからこの絵を描きました。食べてみたくなったでしょ！待っちょるよ（^o^）ノ

ポストカード部門
こどもの部 準グランプリ

江川 みのり

Egawa Minori

私の海☆山口県

山口県（大島郡 周防大島）

［審査員のコメント］

すごいアジです。何といってもイキがいい。尖った口のちょいワルな表情もいい。周防大島のアジにお目にかかりたくなります。

僕も仕事で絵を描くことがありますが、こんなにのびのびと描けるみのりさんを羨ましく思います。いつまでも、こんな風にのびのびと絵を描き続けてくださいね。（日本郵便）

［制作者のコメント］

私のお父さんは、魚釣りが好きです。周防大島の海には、おいしいお魚がたくさんいるので、いろんな魚を釣ってきてくれます。お魚はお父さんとお母さんが料理してくれます。私は塩焼きが好きです。お姉ちゃんは、お刺身とナメロウが好きです。

この絵を描く時には、お父さんの釣ったアジを見ながら描きました。準グランプリに選ばれて、家族や保育園の先生がいっぱい褒めてくれたのでうれしかったです。

サスティナブル奨励賞
海と日本PROJECT賞

三浦 日彩

Miura Hiiro

（子どもあとりえプランタン）

私の海★青森県

青森県（八戸市 八戸港）
海と日本プロジェクト青森エリア賞

［審査員のコメント］

イカの斑点から、海から上がったばかりかのような光沢が伝わり、観察眼の鋭さに驚きました。海洋環境の変化に伴い、イカなど海の生き物の生息地の変化が話題になっています。イカにとっても、我々人間にとっても海は暮らしを支えるハッピーになれる場所であると言えるでしょう。そんな豊かな海の環境を維持できるように“イカ”した港、八戸港から日本中に向けて発信していっていただきたいと思い選定しました。（日本財団）

［制作者のコメント］

青森県八戸港のイカは見ても美しく、刺身に揚げ物、焼きに乾物なんでもイケて、私たちのお腹をハッピーにしてくれます。そんな生のイカを目の前に置いて、よく見てこの絵を描いたので、イカの表面の斑点が細かく描けました。イカは新鮮なものほど、この斑点が多いそうです。ハッピーになれるイカした場所！八戸港に綺麗な海と、うんめぇものば、食べにこいへぇ。

サスティナブル奨励賞

SDGs14 海の豊かさを守ろう賞

白石 雪乃

Shiraishi Yukino

私の海☆神奈川県

神奈川県(江ノ島 鵠沼海岸)

[審査員のコメント]

風景写真は止まったものになりがちです。でもこの作品、左の女性もその視線の先、右の海鳥にも動きを感じます。そして青空に「消費期限」というドキッとする言葉を使って海ゴミ問題を語りかける。静と動、陽と陰が共存した見事な表現です。白石さんのコメントにも近いのですが、近年は“汚れた海”を描く応募が増えています。正しいけれど、悲しい。消費期限を迎えないように取り組みながら、今も未来も海を楽しむ。そんな社会にしていきたいものですね。(海洋連盟)

[制作者のコメント]

普段から海に行くことは滅多にないのですが、その理由が私の中での海のイメージが「汚い」からです。作品を制作するにあたって数年ぶりに近くで見た海が、私のイメージはなんだったんだろう?と思うほど綺麗でした。また、世の中で海中汚染が問題として取り上げられていることを思い出し、目の前の景色に感動できるのはいつまでだろう、どうやったら問題を身近に感じてもらえるか、を念頭に作成しました。綺麗な海の写真を使用したのは問題に対しての印象が暗くなりすぎないようにしたかったからです。
このポスターをきっかけに、綺麗な海を見られているのはたまたまであること、このままでは見られなくなってしまう可能性があることを理解してもらえたらなと思います。
特別賞を受賞できたこと、とても光栄に思います。ありがとうございました。

サスティナブル奨励賞
うみめし賞

にしまた ひろし
Nishimata Hiroshi

私の海☆広島県

広島県(広島湾)
海と日本プロジェクト広島エリア賞

[審査員のコメント]

「これ、小イワシの群れが上下左右に増殖する作品なんだ」と発見したときには、面白い!と感心しました。コピーの入れ方も文字数まで計算されています。そして読んでみると…えっ、小イワシを刺身で? と、ここにも小さな発見があり「広島に行って食べてみたいな」と、作者の思うツボにまんまとはまる。ポスターとしての役目をしっかり果たしているわけです。ぜひ駅などで連貼り(つなげて貼る)してみたいと思わせてくれる作品です。(海洋連盟)

[制作者のコメント]

【広島の小イワシを知ってほしい!】
広島湾のカタクチイワシは江戸時代以前から「小鰯(コイワシ)」と呼ばれ親しまれてきたソウルフードです。すごく新鮮なので、なんと刺身でも食べられるのです!しかし県外の方にはあまり知られておらず、お好み焼きや牡蠣の影に隠れた地味な存在なのではないでしょうか。もっと多くの人に“広島の小イワシの美味しさ”を知ってほしいと思いデザインしました。
【連続する小イワシ柄】
小イワシのイラストは連続模様になっています。ポスターを並べると模様は繋がり、小イワシの群れが増殖する仕掛けになっています。“模様の楽しさ”も感じていただけるとうれしいです。

審査員特別賞
日本郵便賞

大松 雅士

Daimatsu Tadashi

私の海☆東京都

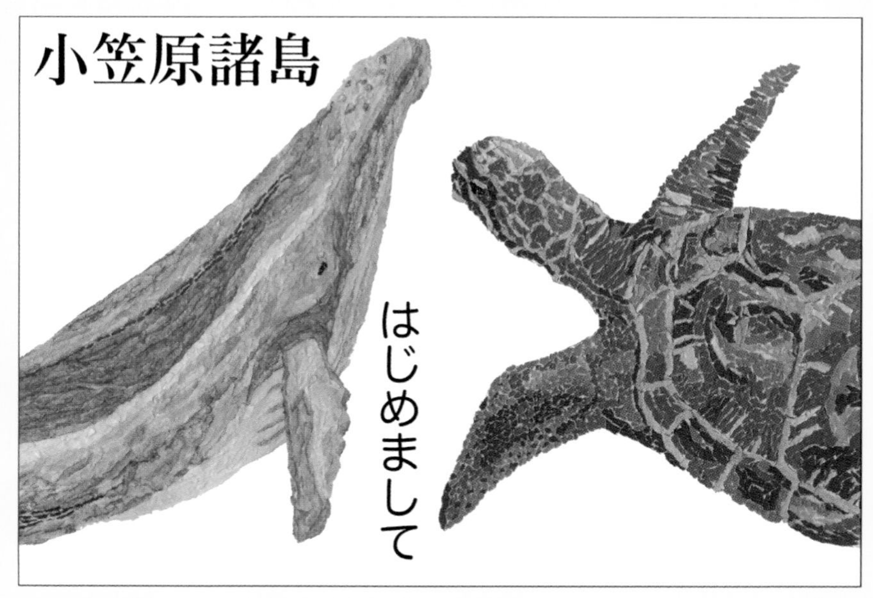

東京都（小笠原諸島）

［制作者のコメント］

小笠原諸島の海に生息する海洋生物が、はじめて遭遇するというエピソードをちぎり絵で描いた作品です。実は、A4作品2枚を縮小してトリミングした作品を使用しており、両方合わせると約3ヶ月の制作期間がかかっております。「はじめまして」は、どこでも通用する挨拶です。このポストカードからも「はじめまして」というメッセージで、手に取る方へ伝える挨拶としての意味合いも込められています。海洋生物が安心して暮らせるこういった海を保ちましょう、という意味合いもあります。
カメの作品はリアルな一方で、クジラはメルヘンチックに描いています。カメの方は、実物の写真を見ながら丁寧に色付けしていきました。クジラの方は、石像の写真を見て色付けしていきました。石像なので、実際には灰色がメインの色になりますが、石像の写真を穴が開くほど見ることで、その物体の奥深くに眠る色を見出した作品です。これらの作品の共通点は、暗いところは暗く、明るいところは明るくを意識していることです。そうすることで、立体的になるように仕上げています。
私のInstagramのURL：https://www.instagram.com/td5125/

［審査員のコメント］

貼り絵でしょうか、やさしい色合いで描かれたウミガメとクジラがゆるやかに漂い、出会っています。丁寧に千切られた色紙の一片一片が、ウミガメとクジラの細胞のひとつひとつのようです。異なる種類の細胞が集まり、繋がり、大きな1個の生命体となり、2つの生命体が絵の中で出会いました。生命や自然に対する優しさを感じます。（日本郵便）

審査員特別賞
ビックカメラ賞

大根 英樹

One Hideki

私の海☆東京都

東京都(新島)

[審査員のコメント]

東京の近くとは思えない新島のターコイズのようでいて透き通る海の青と、無限に広がるように見える、奥行き感のある海の広大さが見事に表現された素敵な作品でした。このポスターを見て新島の魅力を感じ、キャッチフレーズの「行こうよ、島旅」にも心くすぐられ、まさにコンテストの趣旨の通り「行ってみたい」と感じさせてくれた作品です。大根英樹さん、これからも様々な海の魅力を発信していってください!(ビックカメラ)

[制作者のコメント]

この度は、このような賞をいただきましてありがとうございます。
私が現在住んでいる沖縄では綺麗な海が見られるのは当たり前ですが、東京でも離島まで足を運べば気軽に綺麗な海が見ることができる。それを知ってもらいたく、新島の海を撮影して応募しました。東京から週末でも気軽に行ける新島、オススメです!ぜひ、この海に来て!

審査員特別賞
石原 良純 賞

ゆーま
Yuma
（慶應義塾大学）

私の海☆神奈川県

神奈川県（逗子市 逗子海岸）

［審査員のコメント］

僕の故郷、神奈川県逗子海岸の作品を選んでしまいました。いえ、決して縁故採用というわけではありませんよ。僕は夕暮れ時の海が大好きなのです。海で一日遊んで、それでもまだ遊びたりないのかと自問する。そんな海の一日の終わりが、作品には見事に切り取られていました。（石原良純）

［制作者のコメント］

この度は審査員特別賞に選出していただき、ありがとうございます。このような大きなコンテストでの入賞は初めての経験なので、たとえ縁故採用と言われようとも、とってもうれしいです（笑）
この作品に写っている逗子海岸は、海水浴に加えて、SUPやウィンドサーフィン、ヨットなど、様々なマリンスポーツを楽しめるだけでなく、江ノ島や富士山など、綺麗な景色も見ることができる海岸です。特に夕日の時間帯はマジックアワーと言われ、条件が揃えば空も海も赤く染まって、幻想的な光景を見ることができます。
皆さんもぜひ逗子海岸を訪れて、日が暮れるまで海水浴やマリンスポーツを楽しみ、美しい夕焼けを鑑賞してみてください！

審査員特別賞
別所 哲也 賞

草刈 利枝子

Kusakari Rieko

（専門学校 東京スクール・オブ・ビジネス）

私の海☆茨城県

茨城県（鉾田市 京知釜海岸）

［審査員のコメント］

水平に広がる海岸。そして、「この海岸を洗い続ける」という人類へのコア・メッセージ。グラフィカルなランドリーの中に様々なビジュアルが浮かび上がり、ボランティア活動を応援する想いが伝わってきました。コロナ禍、写真の撮影を現地のボランティアに託しカタチにする。一度も行ったことのない海岸を想像力でビルドアップする、リモートワーク時代のクリエイティブを体感できる作品。ビジュアルも、無駄を洗い流して、洗練された構図だと感じました。（別所哲也）

［制作者のコメント］

実は・・・茨城県・京知釜海岸へは訪れたことがありません。サーフショップ主催で毎月、ボランティアで清掃していると聞き撮影をお願いしました。海岸の清掃活動（ボランティア）は全国で広く開催しているとのことで、少しでも周知させることができればと思い制作しました。たくさん写真をいただいたので、清掃を洗濯（コインランドリー）のイメージにし、活動イメージをたくさん伝えるように工夫しました。この度は、審査員特別賞にご選定いただきありがとうございました！

審査員特別賞
矢ケ崎 紀子 賞

吉﨑 ゆみ
Yoshizaki Yumi
（てあそび工房）

私の海☆大分県

大分県（大分市 田ノ浦海浜公園）
海と日本プロジェクト大分エリア賞

［審査員のコメント］

ひと目で強い印象を受けました。海の鯨を「ともだち」と思う猫。そして、気づいていましたか？左下に小さくヤモリのような生物もいるのです。いずれも白黒の素敵な色合いが共通の生き物たちです。でも、色合いだけじゃなく、海を起源としていることも、同じ地球にいることも一緒だよね？というしみじみとしたメッセージが伝わってくるようです。手元に飾って毎日眺めたい、すっきりと美しい、かつ、味のある作品だと思います。（矢ケ崎紀子）

［制作者のコメント］

私の愛する大分県は豊後の国とも言われています。その名の通りに豊かな海・産物・観光資源に恵まれた土地です。身近に海がある大分に生まれいろんな表情の海岸があり、海水浴ならココ、潮干狩りならこの海岸などと贅沢な選択ができる大分の海です。田ノ浦ビーチには数年後には待望の道の駅「たのうらら」も完成します。実は以前、田ノ浦ビーチを新設する工事で岩の階段を作るアルバイトがあり、「何かを遺したいなぁ」という思いで関わっているんです。
このポストカードは『ともだちに会いに来るように、大分の海に遊びに来てほしいなぁ』そして「大切なともだちがいる海」も大切にしようと思って描きました。苦労した点は鯨・猫・爬虫類という生物がキーワードの「ともだち」という言葉に感覚的に当てはまるか、この絵を見て違和感を感じないか？もしくはあえて違和感を感じさせる関係性の絵にするか・・・で少し悩みましたが、白黒で描くことで共通点を表現することにしました。白黒の比率を白銀比に近づけて、重たい黒にならないようにしています。

審査員特別賞
古谷 千佳子 賞

前里 心花

Maezato Konoha
（沖縄県立久米島高等学校）

私の海☆沖縄県

沖縄県（久米島 イーフビーチ）
海と日本プロジェクト沖縄エリア賞

［審査員のコメント］

「あきさみよ〜」は日本語訳で「なんてこった〜」「なんじゃりゃ〜」など、驚いたり悲しかったり呆れたり、いろいろな場面で使われる沖縄の方言です。

「で〜じ」＝とても（訳）、「い〜あんべ〜」＝良い感じ（訳）

青い空、青い海に、波ダッシュ（〜）している笑顔のお姉さん。水平線は右下がりですが、その不安定さなど、全体にユルゆるゆる〜っとまとまっています。沖縄らしい緩さ・笑いを誘うこの作品に1票！（古谷千佳子）

［制作者のコメント］

はいさい!! うみぽす甲子園からうみぽすまで入賞し、とてもうれしいです！この写真は今年の夏に県外から友だちが久米島に遊びに来て、海で撮った写真です。その友だちは沖縄の海に入ったことがなく、海に行った際には砂浜や海が綺麗すぎてとてもびっくりしていました。キャッチコピーとして、友だちの気持ちを沖縄の方言にして表してみました。久米島の海は、砂が白くサラサラで海は透明でとっても綺麗です。ぜひ久米島の海を見に来てください!! まちかんてぃーしてるよ〜

審査員特別賞
田久保 雅己 賞

Kanami_8787

Kanami_8787

私の海☆京都府

京都府（与謝郡伊根町 伊根の舟屋）
海と日本プロジェクト京都エリア賞

［審査員のコメント］

私は船に関わる仕事をしている関係で、伊根の舟屋は一度訪れたことがあります。陸側から舟屋の1階部分にある漁船の収納場を見て感激したものですが、沖から見るとまるで建物が海に浮かんで見えることを、この写真に教えていただきました。青空に浮かぶ雲と、透き通った綺麗な海に写りこむ舟屋の街が、本当に浮かんでいるようで感激しました。こういう日本独特の文化を後世に残すことも大切なことですね。（田久保雅己）

［制作者のコメント］

この度は田久保雅己賞にお選びいただきまして誠にありがとうございます。大変光栄です。国の重要伝統的建造物群保存地区に選定されている伊根の舟屋。1階が船のガレージ、2階が居室となった独特な建物構造をしています。まるで海に浮かんでいるかのような素敵な町です。「日本で最も美しい村」の一つにもなっており、澄み渡る海と緑豊かな山、そこで暮らす人々の生活の知恵が生み出した風景美がそこにあります。伊根の暮らしと文化、そして豊かな自然をこれからも守っていきたいものです。ゆったりとした時間の流れる伊根の町で、素敵なひと時を過ごしませんか？

ポスター部門 一般の部 グランプリ

note

note

（東日本デザイン&コンピュータ専門学校
デザイン学科 グラフィックデザインコース）

私の海☆秋田県

秋田県（男鹿半島）

海と日本プロジェクト秋田エリア賞

ポスター部門 一般の部 準グランプリ

今井 寛治

Imai Kanji

私の海☆岐阜県

岐阜県（谷汲町 ※揖斐郡揖斐川町）

ポスター部門 一般の部 グランプリ

note

制作者と審査員のコメントは
11ページをご覧ください。

POST CARD

ポスター部門 一般の部 準グランプリ

今井 寛治

制作者と審査員のコメントは
12ページをご覧ください。

POST CARD

ポスター部門 こどもの部 グランプリ

飯田 陽大
Iida Haruhi

私の海☆静岡県

静岡県(駿河湾)

ポスター部門 こどもの部 準グランプリ

小川 結愛
Ogawa Yume
(太宰府アートのたね)

私の海☆福岡県

福岡県

POST CARD

ポスター部門 こどもの部 グランプリ

飯田 陽大

制作者と審査員のコメントは
13ページをご覧ください。

ポスター部門 こどもの部 準グランプリ

小川 結愛

制作者と審査員のコメントは
14ページをご覧ください。

POST CARD

ポスター部門 インスタの部 グランプリ

大賀 美紅
Oga Miku

私の海☆大分県

大分県(豊後高田市 真玉海岸)

ポスター部門 インスタの部 準グランプリ

山ちゃん
Yamachan

私の海☆長崎県

長崎県(佐世保市)

POST CARD

ポスター部門 インスタの部 グランプリ

大賀 美紅

制作者と審査員のコメントは
15ページをご覧ください。

ポスター部門 インスタの部 準グランプリ

山ちゃん

制作者と審査員のコメントは
16ページをご覧ください。

POST CARD

ポストカード部門 一般の部 グランプリ

KANO

KANO

私の海☆兵庫県

兵庫県（神戸市 須磨海浜公園）

ポストカード部門 一般の部 準グランプリ

Kanami_8787

Kanami_8787

私の海☆大阪府

大阪府
（大阪市 大阪まいしまシーサイドパーク）
海と日本プロジェクト大阪エリア賞

ポストカード部門 一般の部 グランプリ

KANO

制作者と審査員のコメントは
17ページをご覧ください。

POST CARD

ポストカード部門 一般の部 準グランプリ

Kanami_8787

制作者と審査員のコメントは
18ページをご覧ください。

POST CARD

ポストカード部門 こどもの部 グランプリ

コ☆キチ
Ko☆kichi
（宮崎大学教育学部附属小学校）

私の海☆宮崎県

宮崎県（宮崎県全域の海）
海と日本プロジェクト宮崎エリア賞

ポストカード部門 こどもの部 準グランプリ

江川 みのり
Egawa Minori

私の海☆山口県

山口県（大島郡 周防大島）

ポストカード部門 こどもの部 グランプリ

コ☆キチ

制作者と審査員のコメントは
19ページをご覧ください。

POST CARD

POST CARD

ポストカード部門 こどもの部 準グランプリ

江川 みのり

制作者と審査員のコメントは
20ページをご覧ください。

サスティナブル奨励賞 海と日本PROJECT賞

三浦 日彩
Miura Hiiro
（子どもあとりえプランタン）

私の海☆青森県

青森県（八戸市 八戸港）
海と日本プロジェクト青森エリア賞

サスティナブル奨励賞
SDGs14 海の豊かさを守ろう賞

白石 雪乃
Shiraishi Yukino

私の海☆神奈川県

神奈川県（江ノ島 鵠沼海岸）

POST CARD

サスティナブル奨励賞 海と日本PROJECT賞

三浦 日彩

制作者と審査員のコメントは
21ページをご覧ください。

POST CARD

サスティナブル奨励賞
SDGs14 海の豊かさを守ろう賞

白石 雪乃

制作者と審査員のコメントは
22ページをご覧ください。

サスティナブル奨励賞 うみめし賞

にしまた ひろし
Nishimata Hiroshi

私の海☆広島県

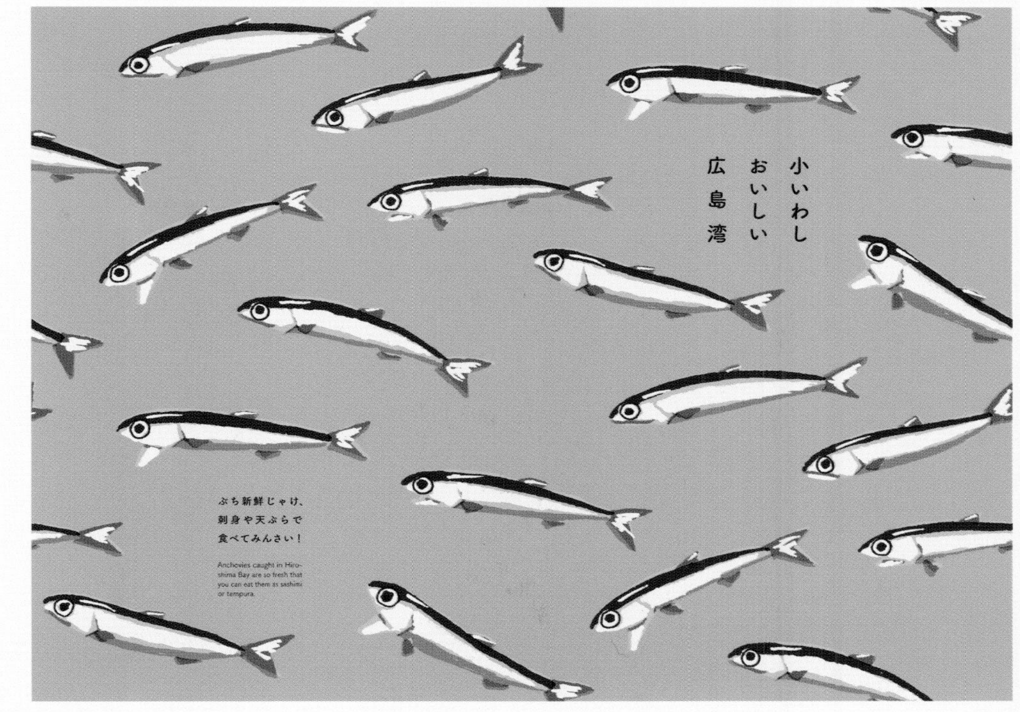

広島県（広島湾）
海と日本プロジェクト広島エリア賞

審査員特別賞　日本郵便賞

大松 雅士
Daimatsu Tadashi

私の海☆東京都

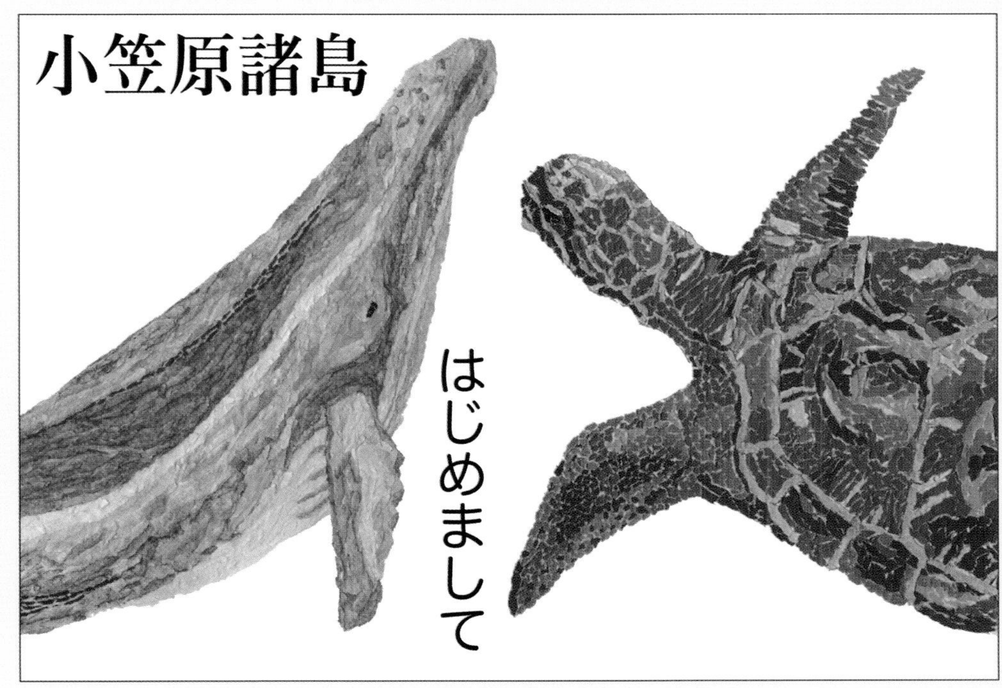

東京都（小笠原諸島）

POST CARD

サスティナブル奨励賞 うみめし賞

にしまた ひろし

制作者と審査員のコメントは
23ページをご覧ください。

POST CARD

審査員特別賞 日本郵便賞

大松 雅士

制作者と審査員のコメントは
24ページをご覧ください。

審査員特別賞　ビックカメラ賞

大根 英樹
One Hideki

私の海☆東京都

東京都（新島）

審査員特別賞　石原良純賞

ゆーま
Yuma
（慶應義塾大学）

私の海☆神奈川県

神奈川県（逗子市 逗子海岸）

POST CARD

審査員特別賞　ビックカメラ賞

大根 英樹

制作者と審査員のコメントは
25ページをご覧ください。

POST CARD

審査員特別賞　石原良純賞

ゆーま

制作者と審査員のコメントは
26ページをご覧ください。

審査員特別賞　別所哲也賞

草刈 利枝子
Kusakari Rieko
（専門学校 東京スクール・オブ・ビジネス）

私の海☆茨城県

茨城県（鉾田市 京知釜海岸）

審査員特別賞　矢ケ崎紀子賞

吉﨑 ゆみ
Yoshizaki Yumi
（てあそび工房）

私の海☆大分県

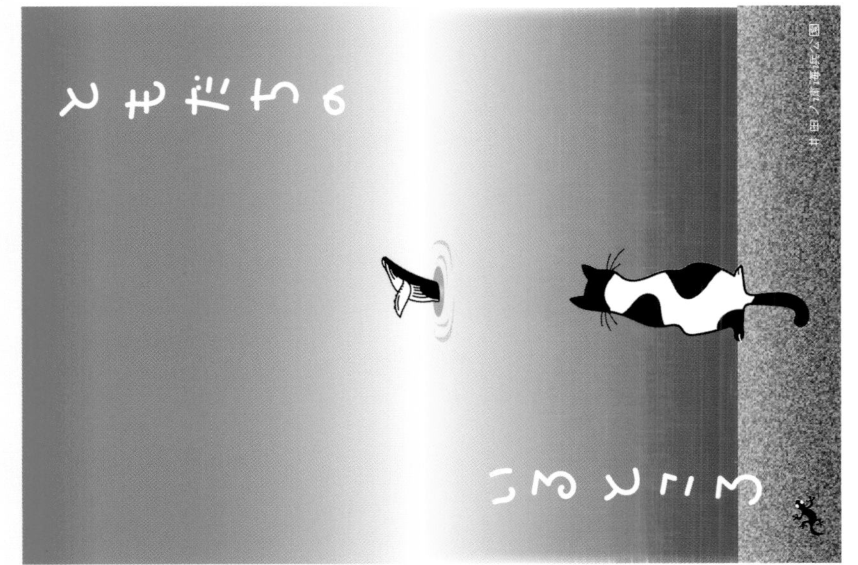

大分県（大分市 田ノ浦海浜公園）
海と日本プロジェクト大分エリア賞

POST CARD

審査員特別賞　別所哲也賞

草刈 利枝子

制作者と審査員のコメントは
27ページをご覧ください。

審査員特別賞　矢ケ崎紀子賞

吉﨑 ゆみ

制作者と審査員のコメントは
28ページをご覧ください。

POST CARD

審査員特別賞　古谷千佳子賞

前里 心花
Maezato Konoha
(沖縄県立久米島高等学校)

私の海☆沖縄県

沖縄県(久米島 イーフビーチ)
海と日本プロジェクト沖縄エリア賞

審査員特別賞　田久保雅己賞

Kanami_8787
Kanami_8787

私の海☆京都府

京都府(与謝郡伊根町 伊根の舟屋)
海と日本プロジェクト京都エリア賞

審査員特別賞　古谷千佳子賞

前里 心花

制作者と審査員のコメントは
29ページをご覧ください。

POST CARD

POST CARD

審査員特別賞　田久保雅己賞

Kanami_8787

制作者と審査員のコメントは
30ページをご覧ください。

ポスター部門 一般の部 入賞作品

佐々木 凱吏
Sasaki Kairi

私の海☆北海道

北海道(紋別市 ガリンコ号)

ポスター部門 一般の部 入賞作品

木村 緑
Kimura Midori

私の海☆青森県

青森県(下北郡 東通村の浜)

POST CARD

ポスター部門　一般の部　入賞作品

佐々木 凱吏

［制作者のコメント］

オホーツク海に面する紋別市で、流氷観光船ガリンコ号に乗船した時の一枚です。凍れる(しばれる)とは北海道弁で厳しい寒さのこと。北海道の冬は毎日が氷点下の冷え込みです。流氷には植物プランクトンが付着していて、海を豊かにしてくれる大切な役割があります。壮大で力強い流氷に感動したので、皆さんもぜひこの景色を見に来てください。凍れるよ!!

［審査員のコメント］

流氷の海。一度は見てみたい風景です。

ポスター部門　一般の部　入賞作品

木村 緑

［制作者のコメント］

3年ぶりの帰省。干潮になっている海を見て車から飛び出しました。一生懸命めかぶを拾って振り返った瞬間をパシャリ。こどもたちも初めて触る生き物に目を輝かせていました。大好きな海の匂い。大好きな風景。守りたい。と心から思います。

［審査員のコメント］

人生の遊びの先生はパパとママですね。

POST CARD

にゃんたむ
Nyantamu

私の海☆宮城県

宮城県（宮城郡七ヶ浜町 菖蒲田浜）

高橋 裕
Takahashi Yutaka
（タカハシユタカ・デザイン）

私の海☆宮城県

宮城県（仙台市 向洋海浜公園）

POST CARD

ポスター部門 一般の部 入賞作品

にゃんたむ

[制作者のコメント]

小6の娘とお友だちの3人で、海に飛び込みジャーンプ!! 小学生最後の夏、最高の思い出ができました。

[審査員のコメント]

海がキラキラ、こどもたちの目もキラキラ。

POST CARD

ポスター部門 一般の部 入賞作品

高橋 裕

[制作者のコメント]

暑すぎる夏に涼を求めて海へ。最初はあまり乗り気ではなかった娘も大はしゃぎ。繰り返し押し寄せる波の不思議を感じつつ、家族で砂だらけになりました。

[審査員のコメント]

海ってね、ついつい入りたくなるよね。

ポスター部門 一般の部　入賞作品

齋藤 勇夫
Saito Isao

私の海☆秋田県

秋田県（秋田市 新屋海浜公園）

ポスター部門 一般の部　入賞作品

渡辺 舞
Watanabe Mai

私の海☆山形県

山形県（飽海郡遊佐町 釜磯海岸）
海と日本プロジェクト山形エリア賞

ポスター部門 一般の部 入賞作品

齋藤 勇夫

［制作者のコメント］

2020年から流木をテーマに秋田市新屋海浜公園の浜辺を作品にしています。この浜辺には、流木を含め漂流物がよく打ち上げられます。その流木を見ていると、どこから来たんだろうと思いを馳せます。そして何日か後に再び浜辺を訪れると、その流木は旅立った後だったりします。流木にロマンを感じるのは私だけではないと思います。この浜辺はとにかく楽しい！ガチャガチャで何が出てくるかわからないようなワクワクに満ちています！

［審査員のコメント］

流木って、見ていて飽きないですよね。

POST CARD

ポスター部門 一般の部 入賞作品

渡辺 舞

［制作者のコメント］

海を怖がっていた息子が、今年は友だちと一緒に行き楽しんでいる一枚！鳥海山の湧水が流れている海！暑い夏でも冷たすぎる湧水に、みんなではしゃいで楽しんだ休日でした！住んでいる町の近くに海がある！当たり前のことがありがたい！

［審査員のコメント］

山形の海の素晴らしさが、海で遊ぶお子さまの笑顔によく表れています。ポスターを見た人が海に行きたくなるような作品だと感じ、エリア賞に選出させていただきました。（海と日本PROJECT in 山形）

POST CARD

ポスター部門 一般の部　入賞作品

井上 千沙
Inoue Chisa
（福島中央テレビ 報道部アナウンサー）

私の海☆福島県

福島県（いわき市）

ポスター部門 一般の部　入賞作品

永田 萌依
Nagata Moe
（東京女子大学）

私の海☆福島県

福島県（会津若松市）

POST CARD

ポスター部門 一般の部 入賞作品

井上 千沙

［制作者のコメント］

夏に開催された海と日本プロジェクトと福島中央テレビのイベント「ふくしま潮目の海調査隊」に参加。そこで2日間、福島県内のこどもたちと地元いわきの海について学びました。常磐もののサンマ、そして、その口の中には一緒に過ごしたこどもたち20人の似顔絵を描いたのがポイントです！

［審査員のコメント］

こどもたちも魚好きなのね、きっと。

POST CARD

ポスター部門 一般の部 入賞作品

永田 萌依

［制作者のコメント］

私の地元には海がありません。しかし、美しい景色と美しい自然、美しい人々がいます。決して画像だけでわかることではありませんが最大限に伝えられたらいいなと思い、ポスターにさせていただきました。

［審査員のコメント］

旅情を感じます。

ポスター部門 一般の部　入賞作品

和家 ひなた
Wake Hinata
（茨城県立那珂湊高等学校）

私の海☆茨城県

茨城県
（東茨城郡大洗町 大洗アクアワールド）

放課後水族館
今しかできない青春を！！
大洗アクアワールド

ポスター部門 一般の部　入賞作品

金井 萌
Kanai Moe
（専門学校日本デザイナー学院）

私の海☆群馬県

群馬県（伊勢崎市 龍神宮）

おいでませ、
海なし県の、龍宮伝説
群馬県伊勢崎市龍神宮

ポスター部門 一般の部 入賞作品

和家 ひなた

[制作者のコメント]

学校の放課後にお友だちと制服で水族館に行きました。

[審査員のコメント]

海と青春は似合うけど、水族館と青春も似合うね。

POST CARD

ポスター部門 一般の部 入賞作品

金井 萌

[制作者のコメント]

群馬は『海なし県』ですが、実は海の伝説で有名な龍宮城の伝説があることを知ってほしいと同時に、それを確かめてほしいと思い制作しました。

[審査員のコメント]

群馬に龍宮伝説があるんですね。調べてみます。

POST CARD

ポスター部門 一般の部　入賞作品

山田 瀬々流
Yamada Sesera
（専門学校千葉デザイナー学院）

私の海☆千葉県

千葉県（館山市 北条海岸）

ポスター部門 一般の部　入賞作品

清水 清夏
Shimizu Sayaka

私の海☆千葉県

千葉県（館山市 平砂浦海岸）

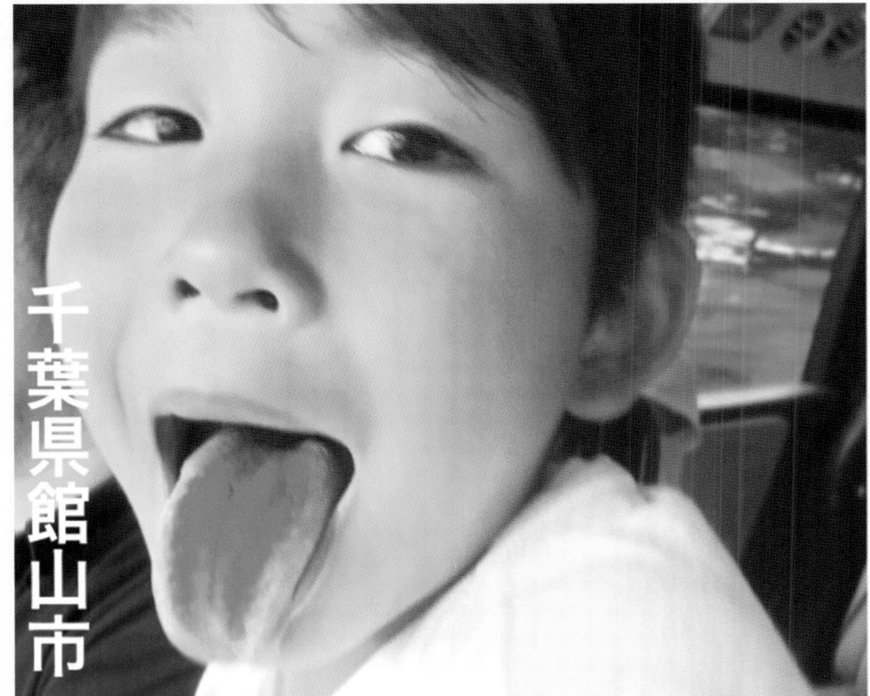

POST CARD

ポスター部門 一般の部 入賞作品

山田 瀬々流

［制作者のコメント］

2016年の花火大会で撮影した写真をポスターにしました。水面に映る花火の光が黒い海をカラフルに彩り、まるでアイドルの華やかなステージのようだったので、その感動を短歌で表現しました。またこの美しい海が見られるように願いを込めて、このポスターを制作しました。

［審査員のコメント］

美しいのひとことです。

POST CARD

ポスター部門 一般の部 入賞作品

清水 清夏

［制作者のコメント］

今年の夏に千葉県の館山市にサーフィンに行きました。平砂浦のビーチは水質も良く、近くにキャンプ場もあり、駐車場も完備された行きやすいビーチです。サーフィンの後はおいしいかき氷。泳いだ後のかき氷は最高でした。

［審査員のコメント］

まさに海の色。こんな色のお菓子、みんな好きだよね。

ポスター部門 一般の部　入賞作品

せき
Seki
（専門学校千葉デザイナー学院）

私の海☆千葉県

千葉県（稲毛の海）

夕方に行くと見れる
青と白のグラデーション

いなげのうみ、千葉

ポスター部門 一般の部　入賞作品

浅見 冬華
Asami Fuyuka

私の海☆東京都

東京都（神津島）

POST CARD

ポスター部門 一般の部 入賞作品

せき

[制作者のコメント]

撮影が楽しかった記憶があります。

[審査員のコメント]

モデルさんの服も白で、みごとなコーディネーション。

ポスター部門 一般の部 入賞作品

浅見 冬華

[制作者のコメント]

神津島は私が家族旅行で何度か行っている場所です。何年経っても変わらない島の方々の温かさが大好きで、これからも行き続けたいと思っています。そんな神津島の魅力が少しでも多くの人に伝わってくれたらうれしいです。

[審査員のコメント]

美白が流行っているけど、日焼けした肌も素敵です。

POST CARD

ポスター部門 一般の部　入賞作品

りょうあ
Ryoa

私の海☆東京都

東京都（大田区 大森ふるさとの浜辺公園）

ポスター部門 一般の部　入賞作品

ゆき
Yuki

私の海☆東京都

東京都（江戸川区 葛西海浜公園西なぎさ）

POST CARD

ポスター部門 一般の部 入賞作品

りょうあ

［制作者のコメント］
3歳の夏です。今は8歳です。毎年楽しみな思い出が増える場所です。

［審査員のコメント］
都心にある、こどもを笑顔にしてくれる素敵な場所。

ポスター部門 一般の部 入賞作品

ゆき

［制作者のコメント］
こどもが幼稚園の頃の写真を使いました。海水浴の季節ではなかったので、砂浜でお絵かきしたりして楽しく遊んだ時の一枚です。

［審査員のコメント］
葛西は水族館もあるし、私もよく行きます。

POST CARD

ポスター部門 一般の部 入賞作品

YAGO
YAGO

私の海☆神奈川県

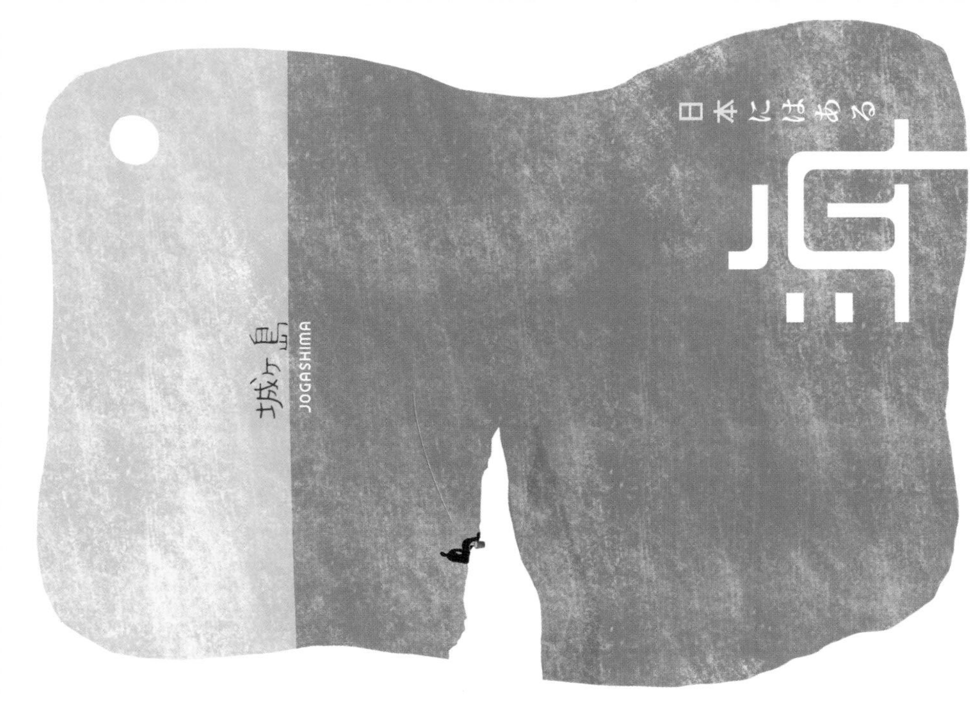

神奈川県(三浦市 城ヶ島)

ポスター部門 一般の部 入賞作品

小林 栄
Kobayashi Sakae

私の海☆神奈川県

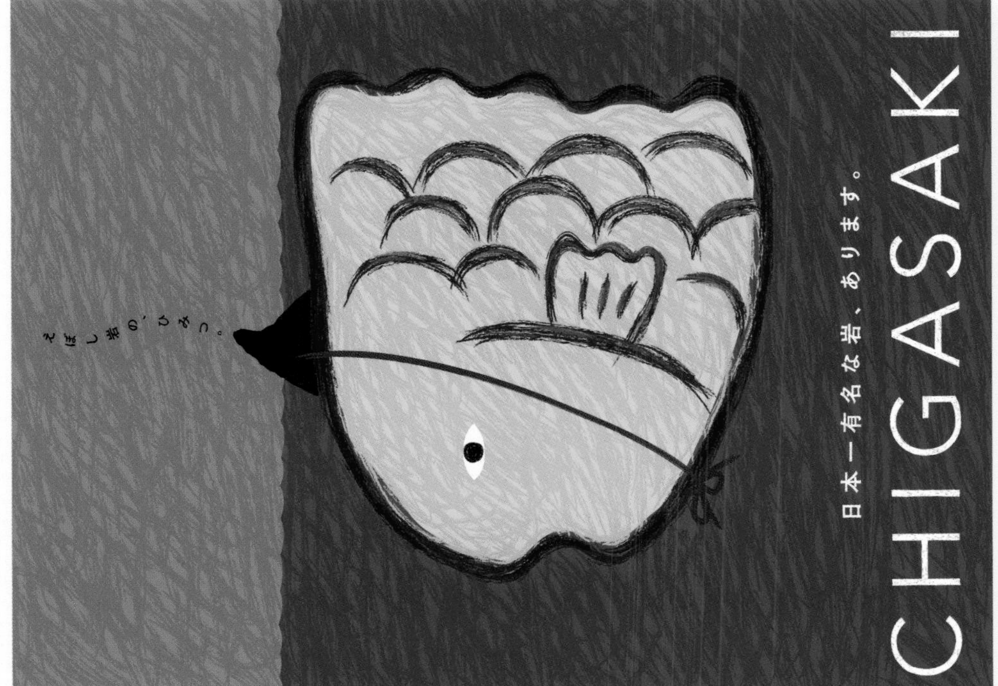

神奈川県(茅ヶ崎)
海と日本プロジェクト神奈川エリア賞

ポスター部門 一般の部 入賞作品

YAGO

［制作者のコメント］

去年一人旅で行った三浦市の城ヶ島というところの海です。その時に感じた海の綺麗さを伝えたくて、静かなイメージを表現できるようにイラストで描きました。「日本にはある海」というキャッチコピーで、「日本にはこんな綺麗な海が城ヶ島にあるよ、来てください！」という思いを伝えたいです。

［審査員のコメント］

バツグンのセンスですね。

POST CARD

ポスター部門 一般の部 入賞作品

小林 栄

［制作者のコメント］

東京での単身赴任中、鎌倉から渚沿いに散歩していたゴールがここでした。大海原にポツンと突き出た「えぼし岩」を見ながら、シラスとビールで一杯やっていると、いろんな妄想が次から次へと湧いてくるのでした。

［審査員のコメント］

茅ヶ崎のシンボル「えぼし岩」と相模湾に棲息する「マンボウ」の特徴をうまく組み合わせ、大胆に描いたところに強い印象を受けました。（海と日本PROJECT in かながわ）

POST CARD

ポスター部門 一般の部　入賞作品

清水 正行
Shimizu Masayuki
（株式会社アルファルファ）

私の海☆神奈川県

神奈川県（鎌倉市 七里ヶ浜）

オレはここで学ぶ。

活きのいい子、育ってます。

鎌倉 七里ヶ浜

ポスター部門 一般の部　入賞作品

市原 優繭
Ichihara Yuma
（専門学校 東京スクール・オブ・ビジネス）

私の海☆神奈川県

神奈川県（藤沢市 片瀬海岸）

POST CARD

ポスター部門　一般の部　入賞作品

清水 正行

［制作者のコメント］

海友のちびっ子サーファー。小学生になったばかりの彼が言ったのが「波のある時は海にいる、波のない時だけ学校に行く」でした。学校にはちゃんと行けよ！と諭しましたが、学校では学べないことも海で体験しているんだな、と思った夏でした。

［審査員のコメント］

小さい頃からサーフィン。なんていい環境なんでしょう。

POST CARD

ポスター部門　一般の部　入賞作品

市原 優繭

［制作者のコメント］

片瀬海岸では、小さなこどもたちが安全に楽しく遊べるよう海について学ぶ時間や期間限定遊具を設けているなど様々な対策がとられており、ポスターではこどもが楽しそうに泳いでいる場面を選びました。そして、このポスターは片瀬海岸がこれからもこどもたちの楽しめる場所であってほしいという思いを込めて制作しました。また、写真では知ることができない、現地で実際にはしゃいでいた様子をどうしたら伝えられるかというところに悩みましたが、海賊のイラストを加えることで全力ではしゃぎ、元気いっぱいな姿を強調しました。

［審査員のコメント］

海賊王になれるまで頑張ってください。

ポスター部門 一般の部 入賞作品

こな
Kona

私の海☆神奈川県

三浦半島

心も体も解放されちゃうよねぇ

神奈川県（横須賀市 佐島）

ポスター部門 一般の部 入賞作品

おもち父ちゃん
OMOCHI-touchan
（OMOCHI Create.）

私の海☆新潟県

新潟県（三島郡出雲崎町 日本海夕日公園）
海と日本プロジェクト新潟エリア賞

POST CARD

ポスター部門　一般の部　入賞作品

こな

［制作者のコメント］

佐島でランチをした後、ふらっと海へ。水着も持っていたのに、どんどん大好きな海に吸い込まれて入水した娘。とても気持ち良さそうな表情にこのようなフレーズを入れました。

［審査員のコメント］

気持ちはわかるけど、お着替えあるんだよね？

POST CARD

ポスター部門　一般の部　入賞作品

おもち父ちゃん

［制作者のコメント］

撮影帰りに夕日を眺める妻と愛犬を後ろから見守りつつ、「今日も幸せな1日だったな」とふと思う。妻と愛犬に出会い、“当たり前だった平凡な日常”から“限られた幸せの日常”へと変化した。普段言葉には出せないけど、頑張り屋さんの妻の背中を見て「いつもついて来てくれてありがとう」と、照れ隠しでカメラで顔を隠し、シャッターを切る私なのでした。

［審査員のコメント］

構図や色彩など写真のクオリティはもちろんですが、「海が近くにあることの幸せ」を感じていることがうかがえる素敵な作品でした。（海と日本PROJECT in 新潟）

ポスター部門 一般の部 入賞作品

篠原 凜
Shinohara Rin
(長野平青学園)

私の海☆新潟県

新潟県(上越市立水族博物館うみがたり)

ポスター部門 一般の部 入賞作品

後明 梨花
Gomyo Rinka
(金沢科学技術大学校)

私の海☆富山県

富山県(高岡市 雨晴海岸)

POST CARD

ポスター部門 一般の部　入賞作品

篠原 凜

［制作者のコメント］

ゴマフアザラシ2匹の激写に成功。泳ぎ方やフォルムがかわいくてついつい多く撮ってしまい、写真の整理に時間がかかりました･･･。その中から、綺麗に並行した瞬間を選んでポスターにしてみました。泳ぐ姿、尊いですよね。ぜひ見て癒されてほしいです。

［審査員のコメント］

アザラシさんに癒やされました。

ポスター部門 一般の部　入賞作品

後明 梨花

［制作者のコメント］

幼馴染と朝日を見るために海に行った。天気が悪くて見えるか微妙だったけど、雲が去って見ることができた。

［審査員のコメント］

私も海の近くに宿を取ると早起きして朝日が見たくなります。

POST CARD

ポスター部門 一般の部 入賞作品

海道 結香
Kaido Yuka
(金沢科学技術大学校)

私の海☆石川県

石川県(金沢市)

金沢
加能ガニ

かに、かに、かに、かに、かに。

ポスター部門 一般の部 入賞作品

satoshi-t
satoshi-t
(創造社デザイン専門学校)

私の海☆福井県

福井県(大飯郡高浜町 若狭和田海水浴場)
海と日本プロジェクト福井エリア賞

POST CARD

ポスター部門 一般の部 入賞作品

海道 結香

［制作者のコメント］

有名な加能ガニがたくさん並んでいる様子です。

［審査員のコメント］

おいしそ、おいしそ、おいしそ、おいしそ、おいしそ。

POST CARD

ポスター部門 一般の部 入賞作品

satoshi-t

［制作者のコメント］

私が若い頃によく遊んだ海が、今も変わらない素晴らしい景色として存在していること。月日とともに視点が変わっていくことでいろんな角度から海を楽しめることを伝えたいと思いました。夏の海には欠かせない、背の高い入道雲がポイントです。海で遊ぶ人々の様子を文字で表現することで、見る人それぞれの心にある情景を思い浮かべてもらえたらと思います。

［審査員のコメント］

白い砂浜と青い海。そこに踊る会話の文字。人物を描かないことで、かえって海の情景がはっきり脳裏に浮かんできました。（海と日本PROJECT in ふくい）

ポスター部門 一般の部　入賞作品

池田 拓史
Ikeda Takuto
（福井県立大学 海洋生物資源学部
先端増養殖科学科）

私の海☆福井県

福井県（坂井市三国町 東尋坊）

ポスター部門 一般の部　入賞作品

清水 景子
Shimizu Keiko
（専門学校日本デザイナー学院）

私の海☆山梨県

山梨県（南都留郡忍野村 忍野八海）

POST CARD

ポスター部門 一般の部 入賞作品

池田 拓史

［制作者のコメント］

この作品は福井県の坂井市にある東尋坊という綺麗な景観が見られる観光スポットをモチーフにした作品です。この東尋坊は綺麗な景観とは裏腹に自殺のスポットとして全国的に知られています。そこで私は、この綺麗な海が自殺で有名になるのはおかしいと思い、絶景スポットとして有名になってほしいと感じました。このポスターを通じて東尋坊の美しさを多くの人に知ってもらい、そして少しでも自殺者が減ってほしいという思いを抱きながらこの作品を作らせていただきました。

［審査員のコメント］

そしてサスペンスドラマの名所でもあります。

POST CARD

ポスター部門 一般の部 入賞作品

清水 景子

［制作者のコメント］

忍野八海は山梨県にある湧水池で、世界文化遺産に登録されています。写真を撮った日は天気が良く、綺麗な青色の池を見ることができました。水面に映った雲と自由に泳ぐ魚が幻想的な景色でした。

［審査員のコメント］

幻想的で、本当に空を泳いでいるみたい。

ポスター部門 一般の部　入賞作品

鈴木 美穂子
Suzuki Mihoko

私の海☆長野県

長野県(長野市)

ポスター部門 一般の部　入賞作品

natsu
natsu

私の海☆長野県

長野県(上水内郡 飯綱町)
海と日本プロジェクト長野エリア賞)

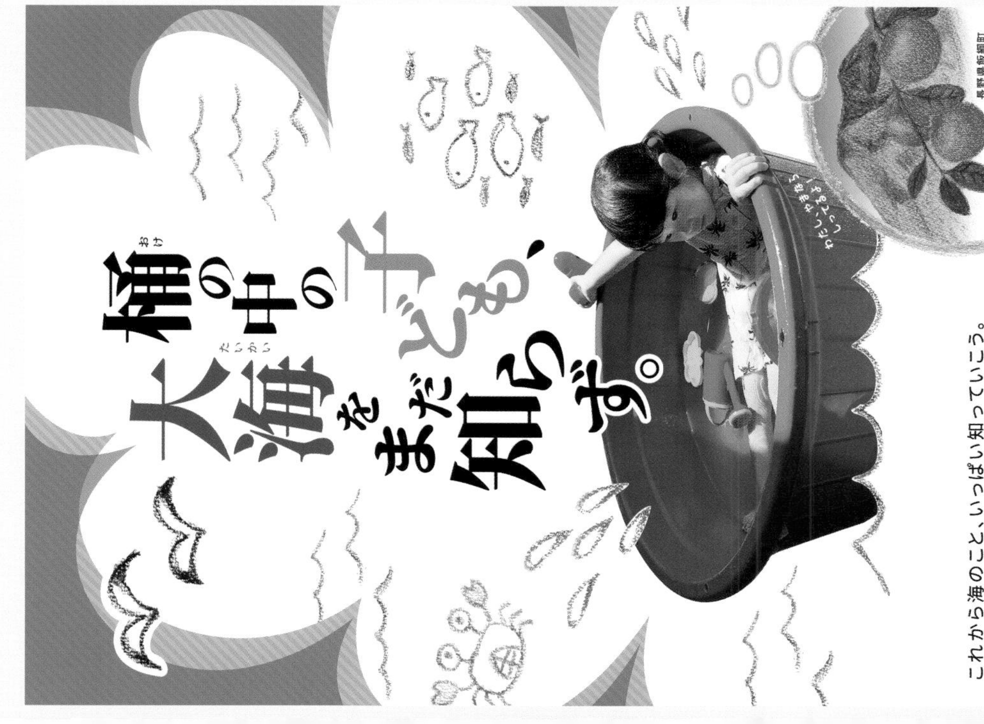

POST CARD

ポスター部門 一般の部 入賞作品

鈴木 美穂子

［制作者のコメント］

海の水は水蒸気となって、雨になり地面や川を通じて海へ戻っていきます。雨が還る場所である海を実家に例えて、少しシュールに表現いたしました。長野は海を持たない県ですが、私も含め、みんな時々海に行きたくなるといいます。本能的に惹きつけられるものが海にはあるのかもしれませんね。循環の中にある長野県の自然も、海も大切にしていきたいと思います。

［審査員のコメント］

泣いて引き留める旦那を連想してしまうのは私だけでしょうか…。

POST CARD

ポスター部門 一般の部 入賞作品

natsu

［制作者のコメント］

2歳の娘は水遊びが大好きで、2022年の夏もいっぱい遊びました。生まれてすぐコロナウイルスが流行したため、娘はまだ海で遊んだことも入ったこともありません。早く、気兼ねなくいろいろな場所へ出かけられる日々が来ることを祈って制作しました。私たちの住む山に囲まれた長野県飯綱町でも海がどれだけ影響するのか、海の中は生き物たちのどんな楽園なのか、これから海の楽しさ・大切さをたくさん教えたいです。

［審査員のコメント］

まだ行ったことのない海に娘さんを連れていきたいとの想いが伝わる作品です。大きくて広い海。気兼ねなく思いっきり海を楽しめる日が来るといいですね。
（海と日本PROJECT in 長野）

ポスター部門 一般の部 入賞作品

大埜 紗愛
Ono Sae
（東京女子大学）

私の海☆静岡県

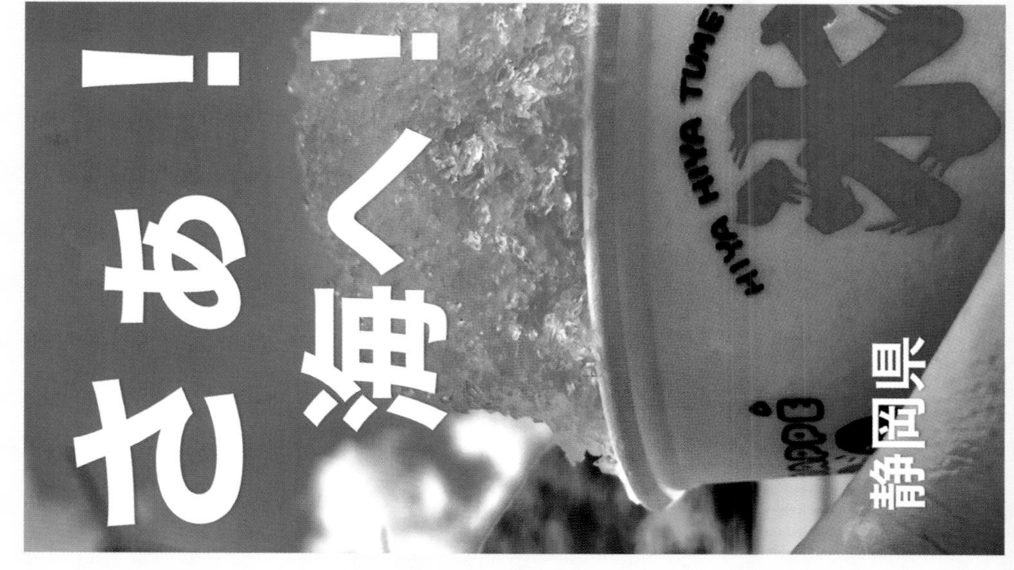

静岡県

ポスター部門 一般の部 入賞作品

北原 恵美
Kitahara Emi

私の海☆静岡県

静岡県（下田市 白浜中央海水浴場）

POST CARD

ポスター部門 一般の部　入賞作品

大埜 紗愛

［制作者のコメント］

私自身「海と言ったら、夏!」という感覚があったため、かき氷の写真を利用し「THE 夏」なポスターを作りました。海の写真をあえて使用しないことで、逆に海へ行きたくなるようなポスターに仕上がったのではないかと思います。このかき氷は兄が持っている瞬間を撮影したものですが、手が少し映り込んでいる点が、良い味になっていると思います。

［審査員のコメント］

いやぁ、かき氷食いたいっす!!

POST CARD

ポスター部門 一般の部　入賞作品

北原 恵美

［制作者のコメント］

静岡の白浜が大好きで、東京から、かれこれ10年以上毎年訪れています。すでにたくさんの楽しい思い出が詰まっている白浜ビーチですが、今年は、高校からの友人のウェディングフォトを私が撮りました!! 白浜の綺麗な白い砂浜のビーチを訪れると、自然とみんな笑顔になっていることに気がつきます! 海好きが高じて素敵な仲間も増えました!! これからもずっと通います! 大好きです。白浜。

［審査員のコメント］

ご結婚おめでとうございます。白浜の太陽のような明るい家庭を築いてください。

ポスター部門 一般の部 入賞作品

naoki hasegawa
naoki hasegawa

私の海☆愛知県

愛知県（田原市 伊良湖岬）

ポスター部門 一般の部 入賞作品

田中 千賀子
Tanaka Chikako
（株式会社ロゴス）

私の海☆三重県

三重県（鈴鹿市 鈴鹿漁港）

POST CARD

POST CARD

ポスター部門 一般の部　入賞作品

naoki hasegawa

［制作者のコメント］

地元の海です。ぜひ訪れてみてください！

［審査員のコメント］

伊良湖ってイラゴと書くと海外みたいね。

ポスター部門 一般の部　入賞作品

田中 千賀子

［制作者のコメント］

春季の早朝4時40分頃に鈴鹿漁港から勢いよく出港する漁船。その漁船から伝わる貝漁への気概。大自然の海で漁師さんたちのとってきた鈴鹿の旬の「あさり」のおいしさ。それらを多くの人に知ってほしくてポスターを作成しました。豊かな自然を大切にしてこそ魚や貝や漁師さんたち、この海が守られると思っています。撮影は出港に間に合うよう苦手な早起きをして、船のスピード感を写し撮るのに幾度か足を運びました。

［審査員のコメント］

おいしそうですねぇ。酒蒸しで一杯くぃっと、なんてね。

ポスター部門 一般の部　入賞作品

中原 正昭
Nakahara Masaaki

私の海☆三重県

日本一短い駅名「つ」　最短の海です。

三重県（津市）

ポスター部門 一般の部　入賞作品

atelier mAmi
atelier mAmi

私の海☆滋賀県

滋賀県（長浜 北びわ湖花火大会）
海と日本プロジェクト滋賀エリア賞

ポスター部門 一般の部 入賞作品

中原 正昭

POST CARD

［制作者のコメント］

三重県津市は、日本一短い駅名「つ」があります。そこから直進したところの海岸で撮影しました。短い駅名にならい、海の写真もシンプルに撮影しました。

［審査員のコメント］

絵に描いたようなシンプル・イズ・ザ・ベスト。

ポスター部門 一般の部 入賞作品

atelier mAmi

POST CARD

［制作者のコメント］

コロナ前の大盛況だった長浜・北びわ湖花火大会。湖面に映る花火が幻想的。ドンドンッと花火の音が聞こえてきそう。もうすぐクライマックスを迎えるワクワク感を感じてもらえたらうれしいです。

［審査員のコメント］

琵琶湖は南と北では景色や印象が違います。広い北湖に華やかな花火が打ち上げられる様子が丁寧に表現されており、琵琶湖の魅力が存分に伝わる作品だと感じました。作者の琵琶湖愛が伝わってきました。（海と日本PROJECT in 滋賀県）

ポスター部門 一般の部　入賞作品

Batmunkh Amar

Batmunkh Amar

（創造社デザイン専門学校）

私の海☆京都府

京都府（京丹後市 琴引浜遊海水浴場）

ポスター部門 一般の部　入賞作品

片岡 寛人

Kataoka Hiroto

（創造社デザイン専門学校）

私の海☆大阪府

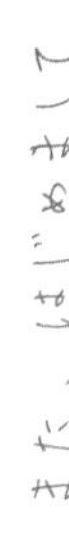

大阪府（泉南市 タルイサザンビーチ（りんくう南浜海水浴場））

POST CARD

ポスター部門 一般の部 入賞作品

Batmunkh Amar

［制作者のコメント］

海のない国に生まれ育ち、日本に来て人生初の海遊びに行きました。口をあんぐり開けて見とれてしまうほど綺麗な場所でした。

［審査員のコメント］

初めての海の感動が伝わってくる魅力的なイラストです。

POST CARD

ポスター部門 一般の部 入賞作品

片岡 寛人

［制作者のコメント］

私が生まれ育った地元の海です。先日、久々に訪れて、夕陽の美しさに感動しました。調べてみるとタルイサザンビーチは、日本の夕陽百選に選ばれ、恋人の聖地であると知りました。叙情的で心奪われる写真をメインビジュアルにしました。10〜20代のカップルを中心的なターゲットとし、一緒に眺めていてパートナーの知らない表情を見た喜びをコピーにしました。全体として物語性のあるポスターとしました。

［審査員のコメント］

海はいつ行ってもいいものです。しばらく行っていないなら、皆さんもどうですか、海？

ポスター部門 一般の部　入賞作品

星 めい
Hoshi Mei

私の海☆兵庫県

兵庫県（神戸市 神戸ハーバーランド）

ポスター部門 一般の部　入賞作品

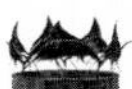

林 加津葉
Hayashi Kazuha
（創造社デザイン専門学校）

私の海☆和歌山県

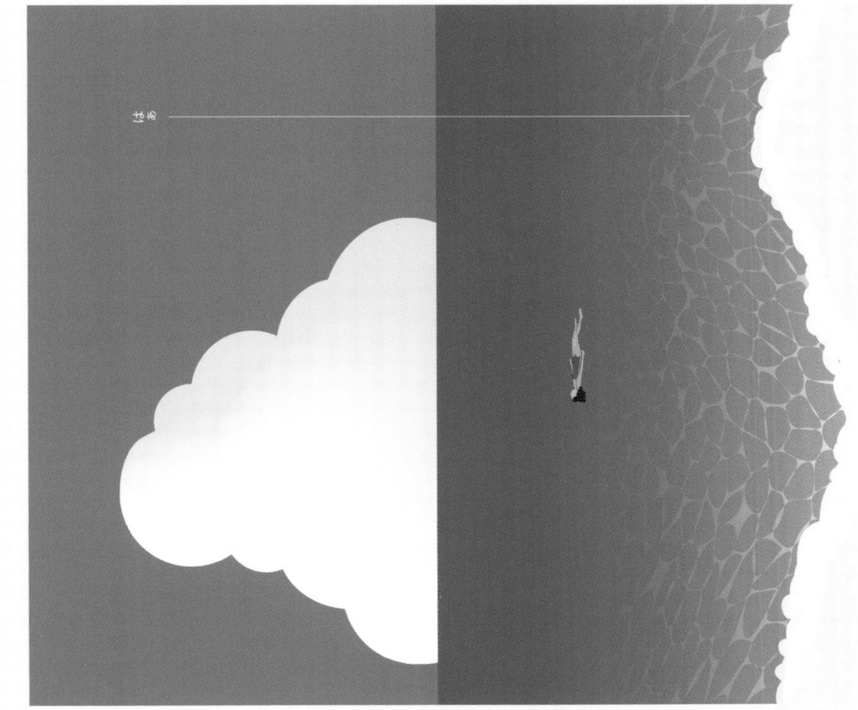

和歌山県
（西牟婁郡白浜町 白良浜海水浴場）

POST CARD

ポスター部門 一般の部 入賞作品

星 めい

［制作者のコメント］

夕日が沈んで、クルーズ船でハーバーランドを眺めた時に思いました。ぜひより多くの方々に神戸港に来ていただいて、ここの夜景をエンジョイしてもらいたいんです。

［審査員のコメント］

神戸はロマンチックで、ずるいね。

ポスター部門 一般の部 入賞作品

林 加津葉

［制作者のコメント］

海に入った時の開放感を表現。 私は海に入ると、身体中から日々の疲れやストレスが放出され、消えていく感覚になります。その心地良さを表現するために、大きな海の中に小さく人を浮かべ、広大な海に揺られている様子を表現しました。コピーもその時の感情をシンプルにそのまま表現することで、より快適さが伝わるように工夫しました。白良浜海水浴場は白い砂浜と比較的透明度の高い水質で綺麗なので、私にとっては開放的になれる最適の場所です。

［審査員のコメント］

すごく、いいーーーーーーーーーーーーーーーーーーーーー。

POST CARD

ポスター部門 一般の部　入賞作品

たかのすセンター

Takanosu-center

私の海☆和歌山県

和歌山県（和歌山市 雑賀崎）

ポスター部門 一般の部　入賞作品

鳥っこさん

Torikkosan

私の海☆鳥取県

鳥取県（西伯郡大山町 木料海岸）

海と日本プロジェクト鳥取エリア賞

POST CARD

ポスター部門　一般の部　入賞作品

たかのすセンター

［制作者のコメント］

たかのすセンターは和歌山市の雑賀崎灯台に隣接しております。雑賀崎はその風景が万葉集にも詠まれた風光明媚な場所として知られておりますが、漁港には毎日新鮮な魚がたくさん上がり、漁船から直接買うことができます。きっと眼にも舌にも幸せが訪れる、そんな雑賀崎のポスターをたかのすセンターのイベントに参加してくれた方々の力を合わせて制作しました。食品トレーを再利用しているのもアピールポイントです。

［審査員のコメント］

まさに海の幸は、みんなの幸せ。

POST CARD

ポスター部門　一般の部　入賞作品

鳥っこさん

［制作者のコメント］

朝釣りにいって、釣れたフグと甥っ子。パジャマ姿です。

［審査員のコメント］

フグのインパクトとこどもの何とも言えない表情のバランスが面白かった。（海と日本PROJECT in とっとり）

ポスター部門 一般の部 入賞作品

アズ
Azu

私の海☆岡山県

岡山県（笠岡市 笠岡諸島）

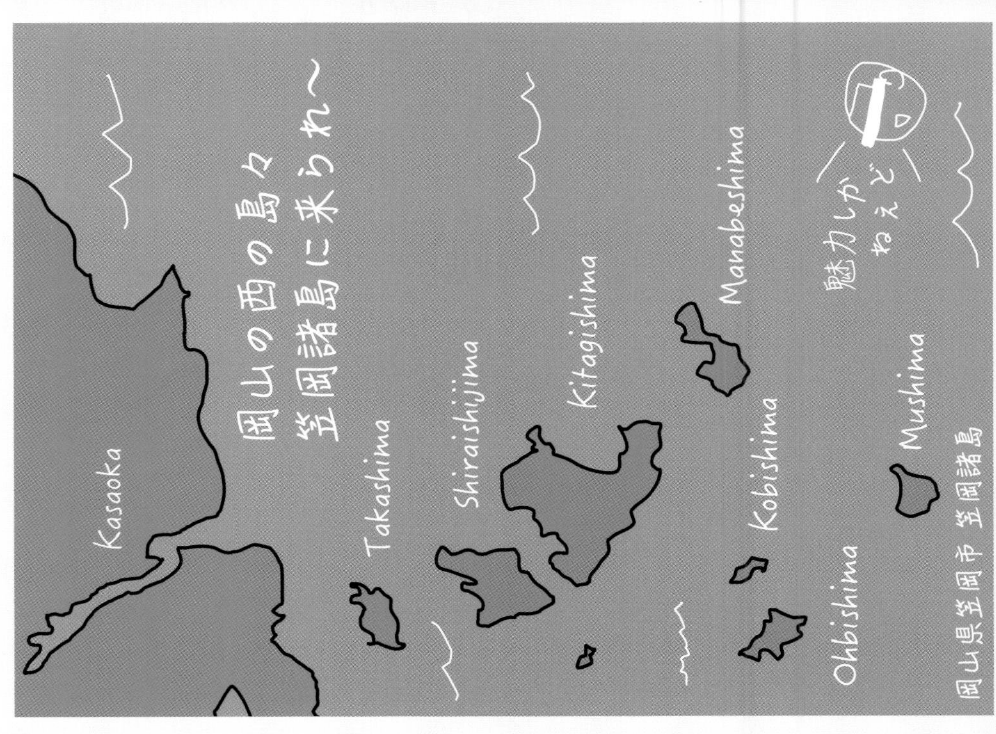

ポスター部門 一般の部 入賞作品

柘植 雅一
Tsuge Masakazu

私の海☆岡山県

岡山県（倉敷市）
海と日本プロジェクト岡山エリア賞

ポスター部門 一般の部 入賞作品

アズ

［制作者のコメント］

あの千鳥の大悟さんの出身地・北木島もある、笠岡市の笠岡諸島！岡山県の西部に位置していて、2019年には日本遺産にも認定された瀬戸内海の豊かな島々です！こどもの頃に友だちとよく釣りに行った思い出深い場所をイラストで表現しました！このポスターを見てたくさんの人に笠岡諸島を知ってもらいたいです！

［審査員のコメント］

千鳥の大悟さんの出身地・北木島に行ってみたい。

POST CARD

ポスター部門 一般の部 入賞作品

柘植 雅一

［制作者のコメント］

瀬戸内海沿岸の地域は、温暖かつ台風の襲来が少なく雨の少ない気候から、レモンの栽培適地になっています。また、カブトガニやスナメリなど、希少な海の生き物の生息地にもなっています。

［審査員のコメント］

海のブルーと、レモンのイエローの色のコントラストが素晴らしい。美しい瀬戸内海でスナメリと一緒に泳いでいる躍動感を感じることができ、1枚に岡山の海の魅力がたっぷり詰まっている作品だと思います。（海と日本PROJECT in 岡山）

POST CARD

ポスター部門 一般の部　入賞作品

misato

misato

私の海☆広島県

広島県（尾道市 岩子島）

ポスター部門 一般の部　入賞作品

ラビット

Rabbit

私の海☆広島県

広島県（尾道市因島 しまなみビーチ）

POST CARD

ポスター部門 一般の部　入賞作品

misato

［制作者のコメント］

コロナで自由にどこにも行けなくなった時、いちばんよく行った海です。平日は人もほとんどいないので、マスクを外して、キラキラした顔で、まるで宝探しをするように貝殻やクラゲを見つけて走り回るこどもの姿に元気をもらいました。この先も、この海で過ごした家族の時間を忘れることはないと思います。

［審査員のコメント］

宝探し、私もやりたぁ〜い。

POST CARD

ポスター部門 一般の部　入賞作品

ラビット

［制作者のコメント］

私もこの子のように思いっきり夏の海に飛び込んでみたいなー、という思いでいっぱいです。瀬戸内海に生まれ育つこどもたちは、青い海に浮かぶ島々に育まれて成長していきます。

［審査員のコメント］

飛び込みたい気持ちが、勢いが、伝わってきます。

加藤 穂乃華

Kato Honoka

（広島県立大崎海星高等学校）

私の海☆広島県

広島県（豊田郡 大崎上島）

ポスター部門 一般の部　入賞作品

竹本 理起

Takemoto Riki

私の海☆山口県

山口県（長門市 油谷）

海と日本プロジェクト山口エリア賞

POST CARD

ポスター部門 一般の部 入賞作品

加藤 穂乃華

［制作者のコメント］

私はもともと写真を撮ることが好きで、綺麗だと思った景色や物を撮って来た中でこれがベストだと思った写真を使いました。この写真のアピールポイントは船と一緒に写っているところで、何枚か撮っている時に偶然撮れた一枚です。制作では文字を考えたり配置するのが大変でした。自然豊かで景色が綺麗なこの島の良さを取り入れたポスターなので、見て興味がある人や少しでも気になる人はぜひ大崎上島町に来てみてください！

［審査員のコメント］

この色は、絵画みたいですね。

POST CARD

ポスター部門 一般の部 入賞作品

竹本 理起

［制作者のコメント］

山口県の油谷には多様で愉快なカニがいることが知られていないのでポスターを作成しました。アマモ場や干潟等が存在する油谷の海や河口には、イシガニや砂団子を作るコメツキガニなどの面白いカニに加え、ハマガニなどの貴重なカニも生息しています。絶景スポットやおいしい海の幸もあるので、ぜひとも遊びに来てください。

［審査員のコメント］

広い海と足元で見え隠れするカニ、という対照的な大きさ。多種多様なカニを育んでいる海がとても豊かだと感じました。「油谷の海に来ないカニ？」もカニ目線で面白いです。（海と日本PROJECT in やまぐち）

ポスター部門 一般の部 入賞作品

國本 優希
Kunimoto Yuki

私の海☆山口県

山口県
（山口市阿知須町 山口きらら博記念公園）

ポスター部門 一般の部 入賞作品

古藤 亜矢
Kodo Aya

私の海☆徳島県

徳島県（海部郡牟岐町 内妻海岸）

POST CARD

ポスター部門 一般の部 入賞作品

國本 優希

［制作者のコメント］

夫と娘ときらら博記念公園に遊びに行った時の写真です。「うみ〜っ!」って娘が指差して、楽しそうに夫と話していました。自然豊かで、海に囲まれた山口のこの景色がずっと残れば良いなと思います。

［審査員のコメント］

親子でなに話してるんですかね。気になりますね。

POST CARD

ポスター部門 一般の部 入賞作品

古藤 亜矢

［制作者のコメント］

じっちゃんが育った町、じっちゃんが見てきた海、じっちゃんの海。そこはサーフィンの聖地でもある内妻海岸。そこに孫たち全員が揃って眺めている。「じっちゃんに板投げてみ？ 板一枚で波に乗れんで〜」と背後から 大阪弁で談笑する祖母と母たちの声。時が流れ、家族が増え、昔と変わらないであろう内妻の海を孫たちと眺めるじっちゃん。何を思うのだろう。

［審査員のコメント］

じっちゃんのサーフィンが見てみたい。

ポスター部門 一般の部 入賞作品

河原 心愛
Kawahara Kokoa

私の海☆香川県

これどこ？
ウユニ塩湖
ちゃうん？
ちゃうわ、
父母ヶ浜
うどん県。

香川県（三豊市仁尾町 父母ヶ浜）

ポスター部門 一般の部 入賞作品

阪下 美咲
Sakashita Misaki

私の海☆香川県

香川県（小豆郡小豆島町
小豆島オリーブ公園）
海と日本プロジェクト香川エリア賞

POST CARD

ポスター部門 一般の部 入賞作品

河原 心愛

［制作者のコメント］
この写真は夏に友だちと父母ヶ浜へ行った際に撮影しました。本当に海を鏡のようにした芸術的な写真が、時間さえ合えば誰でも簡単に撮ることができます。特に夕方が綺麗なのでオススメです。父母ヶ浜はアートでかつ楽しめる最高の海です!! ぜひ香川に来た際は訪れてみてくださいね！

［審査員のコメント］
おぉ、ボリビアまで行かなくても、こんな絶景が拝めるのですね。

POST CARD

ポスター部門 一般の部 入賞作品

阪下 美咲

［制作者のコメント］
香川県は、日本一小さな県ですが、島はたくさんあります。それらの島に作品を展示する瀬戸内国際芸術祭、通称「瀬戸芸」が4年に一度開かれていて、今年は開催年でした。今回は瀬戸芸を代表する島である小豆島で写真を撮りました。

［審査員のコメント］
海への想いを込めてオリーブ色のポストに投函している様がかわいらしい。
（海と日本PROJECT in かがわ）

坂口 聖佳
Sakaguchi Seika
（香川県立高松商業高等学校）

私の海☆香川県

香川県（高松市 大的場海岸）

ポスター部門 一般の部　入賞作品

森重 章子
Morishige Akiko

私の海☆香川県

香川県（高松市 鎌野海水浴場）

POST CARD

ポスター部門 一般の部 入賞作品

坂口 聖佳

［制作者のコメント］

高校生になってから、夏はこの海で写真を撮るのが私たちの日課でした。そんな恒例行事も今年でついに最後になりました。進路の影響で離れ離れになってしまうけど、いつかまた、何年後でもいいからこの海で写真を撮りたいなという意味で海にまたねを言いました！

［審査員のコメント］

またいつか、この海で再会してください。

POST CARD

ポスター部門 一般の部 入賞作品

森重 章子

［制作者のコメント］

私たちが住んでいる場所から車でちょっと行ったところには海があります。夏は海水浴、釣りやビーチクリーンもしています。すぐに行ける海が大好きです。

［審査員のコメント］

何気ない家族写真も、海で撮るとより幸せそうに見えるのは、なんでだろう？

ポスター部門 一般の部 入賞作品

矢野 満太郎
Yano Mantaro
(大阪情報ITクリエイター専門学校)

私の海☆愛媛県

愛媛県(今治市 大島 下田水)
海と日本プロジェクト愛媛エリア賞

来てみんけん
瀬戸内海へー。

今治で待っとるけんね

ポスター部門 一般の部 入賞作品

黒坂 花夜
Kurosaka Kayo
(創造社デザイン専門学校)

私の海☆高知県

高知県(幡多郡 黒潮町)

高知県黒潮町

どうして泣いていたのか、
忘れてしまった。

POST CARD

ポスター部門 一般の部 入賞作品

矢野 満太郎

［制作者のコメント］

瀬戸内海に浮かぶ大島から母が撮ってくれた写真で、私が幼少期にいつも見ていた風景です。地元を離れ、再度見直すとノスタルジーを感じ、この素晴らしい海、この夕焼けを見に来てほしいという思いから、この写真で応募しようと決めました。この海を多くの人にアピールしたいです！

［審査員のコメント］

「しまなみ海道大橋」ですが、大島からの橋の眺めは通常の観光スポットとは正反対の場所からのショットです。そのため普段は入り込まない夕陽が写っています。緩やかな海面は穏やかな瀬戸内海そのものの風景です。（海と日本PROJECT in えひめ）

POST CARD

ポスター部門 一般の部 入賞作品

黒坂 花夜

［制作者のコメント］

繰り返し打ち寄せる波の音を聴き、水面のきらめきをまぶたの裏に灼きつけたら、今朝までの悲しみは潮風に洗われて遥か後方に消えてしまった。高知県黒潮町を訪れた時の情景を思い出しながら、ポスター制作を進めました。世界観をまとめたキャッチコピーは、涙のメタファーとして水彩を滲ませて描いています。視界いっぱいに広がる太平洋は青と白の画用紙、満ちては返す波の痕跡はグレーの刺繍糸、水面を反射する無数のきらめきは300を超えるスパンコールとビーズで表現しました。

［審査員のコメント］

海には悲しみを吸い上げてくれるチカラがあるのかしら。

ポスター部門 一般の部 入賞作品

中園 千草
Nakazono Chigusa
(太宰府アートのたね)

私の海☆福岡県

福岡県

ポスター部門 一般の部 入賞作品

鶴
Tsuru

私の海☆福岡県

福岡県(福津市 福間海岸)

POST CARD

ポスター部門 一般の部 入賞作品

中園 千草

［制作者のコメント］

福岡の近海、玄界灘でもカジキマグロがとれるそうです。難所として知られる海の恐ろしさと、力強く生きる魚を描いてみました。

［審査員のコメント］

海の力強さと、カジキの力強さが、ベストマッチ。

POST CARD

ポスター部門 一般の部 入賞作品

鶴

［制作者のコメント］

砂浜を歩いていたら、急に現れた美女！あれ、よく見たら砂でできてる…。クオリティが高すぎて、ちょっとドキドキしながら横切りました。初めて行った福間海岸でしたが、忘れそうにない思い出になりました（笑）。また来年会えますように。

［審査員のコメント］

この人たち、来年も日焼けしに来てくれるのかな？

ポスター部門 一般の部 入賞作品

有明ガタゴロウ
Ariakegatagoro

私の海☆佐賀県

佐賀県（有明海）

ポスター部門 一般の部 入賞作品

橋野 桃華
Hashino Momoka

私の海☆長崎県

長崎県（島原市有明町 大三東駅）

POST CARD

ポスター部門 一般の部 入賞作品

有明ガタゴロウ

［制作者のコメント］

有明海に住むムツゴロウのキャラクターとしては、有明海はオイの誇りであり宝ガタァ。仲間もいっぱい暮らしている母なる海をずっとずっと守っていきたいガタおぉ。そんな有明海で暮らす元気なムツゴロウの恋のジャンプを元気いっぱい描いたガタァ。有明海の素晴らしさが少しでも伝わったら嬉しかガタなぁ。

［審査員のコメント］

ムツゴロウの瞳がハートなところがラブ。

POST CARD

ポスター部門 一般の部 入賞作品

橋野 桃華

［制作者のコメント］

母と2人で行った長崎旅行。島原鉄道に揺られ今回の目的地"大三東（おおみさき）駅"に降り立つと、幸せの黄色いハンカチがずらりと並び、屋根も柵もないホームからは一面に広がる有明海が。思わず海に飛び込みたくなる瞬間でした。

［審査員のコメント］

こりゃまさに海の駅ですね。海列車の停車駅なのかも。

ポスター部門 一般の部 入賞作品

高木 穂花
Takaki Honoka
（熊本デザイン専門学校）

私の海☆熊本県

熊本県（天草市 茂串海水浴場）
海と日本プロジェクト熊本エリア賞

ポスター部門 一般の部 入賞作品

ブルックセル 恵礼菜
Bruxelles Elena
（大阪狭山市立南中学校）

私の海☆熊本県

熊本県

POST CARD

ポスター部門 一般の部　入賞作品

高木 穂花

［制作者のコメント］

初めて1人で車を運転して訪れた海。そこは、初めての発見と不思議でたくさんでした。私の見つけたちょっとかわいいお友だちを皆さんにもおすそわけします。

［審査員のコメント］

コピーが若者らしく、写真も躍動感があって熊本天草の海の魅力が伝わると感じました。今回応援動画取材に協力をしてくれた熊本デザイン専門学校の生徒の作品です。(海と日本PROJECT in くまもと)

POST CARD

ポスター部門 一般の部　入賞作品

ブルックセル 恵礼菜

［制作者のコメント］

行ってみたい熊本のうみ

［審査員のコメント］

構図がすごい。この方の他の作品も見てみたいですね。

山口 愛実
Yamaguchi Manami

私の海☆熊本県

熊本県（宇土市住吉町 住吉海岸公園
長部田海床路）

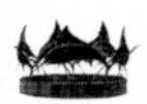

若林 薫
Wakabayashi Kaoru

私の海☆熊本県

熊本県（水俣の海）

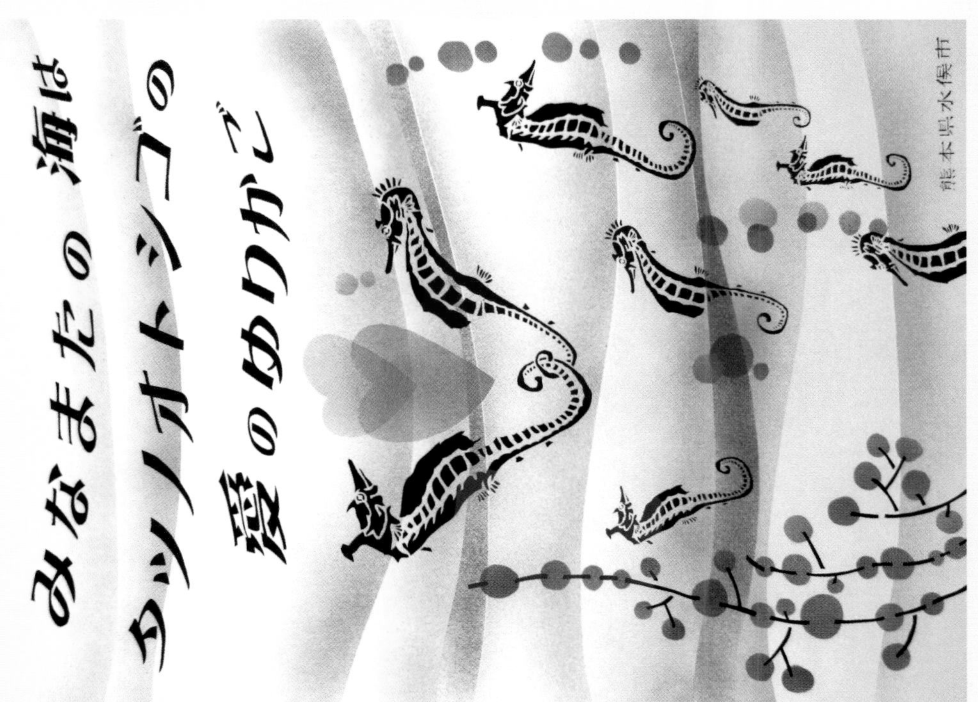

POST CARD

ポスター部門 一般の部 入賞作品

山口 愛実

［制作者のコメント］

海から電柱が佇む、日常では見ることのできない景色を住吉海岸公園では見ることができます。それはまるでアニメやマンガに出てくるような光景であり、住吉海岸公園へ行けば誰でも物語の世界に入れると思うのです。ぜひ実際に来ていただき、体験していただきたいです。

［審査員のコメント］

現実にこの風景あるんですよ。見たことない人は、ぜひ熊本へ。

POST CARD

ポスター部門 一般の部 入賞作品

若林 薫

［制作者のコメント］

経済や文明の発展は人々の生活を豊かにしてくれますが、その反面、様々な害を発生させることもあります。有明海の水俣の海も例外ではなく、汚染された以前の海とは大きく様変わりし、今では綺麗な水の中で魚たちがのびのびと暮らしています。自らが汚し傷つけた自然を自らが再生し、人も生き物も互いに明るく生きてゆける世界を私たちは取り戻せたのです。再生された日本中の海をいつまでも守り続けていきたいと思っています。

［審査員のコメント］

水俣の海で出会うタツノオトシゴは幸せそうです。

ポスター部門 一般の部　入賞作品

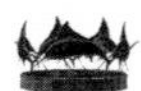

羽田 詩音
Hata Shion

私の海☆大分県

大分県(別府市 的ヶ浜)

ポスター部門 一般の部　入賞作品

橋本 沙和
Hashimoto Sawa
(大分県立鶴崎工業高等学校)

私の海☆大分県

大分県(大分市 大志生木海水浴場)

POST CARD

ポスター部門 一般の部 入賞作品

羽田 詩音

[制作者のコメント]

コロナ禍で大学生活の半分がオンラインになり、サークルも幹部学年を全うすることができませんでした。そんな中でも4年間ずっと仲良くしてくれていた友人らと訪れた卒業旅行での写真です。ロゴもコピーも熟考し、自分たちと同じようにたくさんの制限があった学生生活を送った人や、できなかったことが多い人にも、海がいろいろな思いを受け止めてくれるような部分が届くようにと作成しました。

[審査員のコメント]

このポスターも綺麗だけど、思い出の中の海はもっと綺麗なんだよね、きっと。

POST CARD

ポスター部門 一般の部 入賞作品

橋本 沙和

[制作者のコメント]

私が小さい頃、両親によく連れて行ってもらったところで、晴れた日や夕方に行くと景色がとても綺麗な場所です。海の写真に映えるように文字の配置にもこだわりました。家族連れで訪れる人が多いので、もし大分に来ることがあれば一度訪れてほしいです。

[審査員のコメント]

こどもにとってカニの発見は大事件。そんな体験をもっとたくさんさせてあげたいものです。

ポスター部門 一般の部 入賞作品

おっかぁ
Okka

私の海☆宮崎県

宮崎県(宮崎市 青島海岸)

ポスター部門 一般の部 入賞作品

つるりんこ
Tsururinko

私の海☆鹿児島県

鹿児島県(大島郡 与論町)

POST CARD

ポスター部門 一般の部　入賞作品

おっかぁ

［制作者のコメント］

南国宮崎の地に生まれ育ったことで、一年を通して海と関わっていける環境にすごくありがたさを感じています♡かつては両親とともに足を運んだ海岸で、今は自分の息子が楽しそうに遊んでいる姿を見て、生き物はみんな海の中で生命をもらって生まれてくることを思い出し、この写真にピッタリだと思いました。

［審査員のコメント］

シュポーンだって。ついついこっちまで笑顔になってしまいます。

POST CARD

ポスター部門 一般の部　入賞作品

つるりんこ

［制作者のコメント］

与論島に移住し現在子育て真っ最中の母親です。今年もこどもたちと一緒に与論の海でたくさん遊んだり、学んだりすることができました。与論の海での体験を手形や足形をとって、こどもたちの成長とともに思い出として形に残してみました。このポスターを見て、与論島の海を皆さんにも体験してほしいです！

［審査員のコメント］

むむむ、与論での子育ては楽しそうですね。

ポスター部門 一般の部　入賞作品

福留 慶
Fukudome Kei

私の海☆鹿児島県

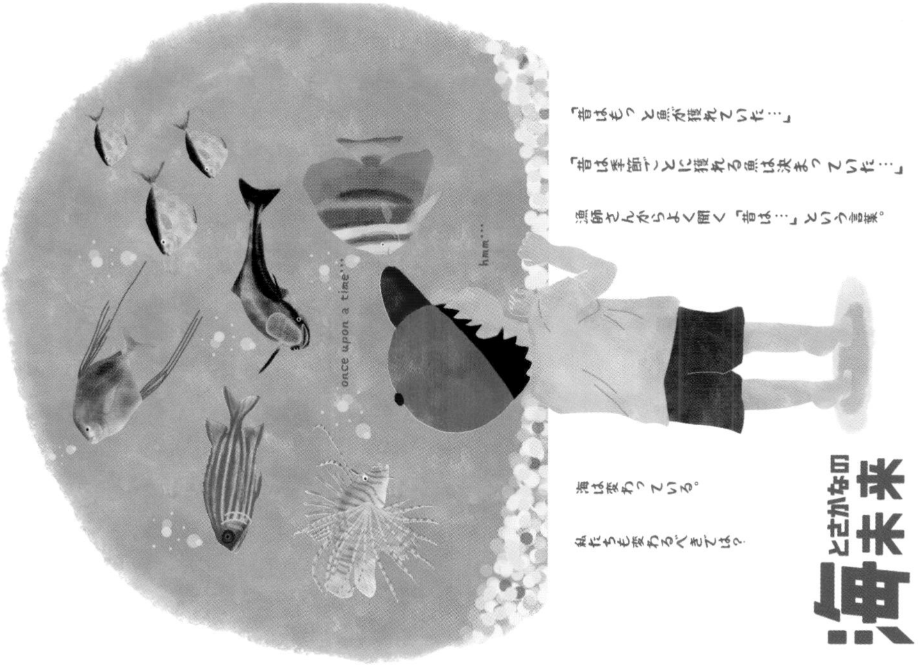

鹿児島県（大隅半島）

ポスター部門 一般の部　入賞作品

井上 航介
Inoue Kosuke
（東京情報クリエイター工学院専門学校）

私の海☆沖縄県

沖縄県
（国頭郡 恩納村海浜公園ナビービーチ）

POST CARD

ポスター部門 一般の部 入賞作品

福留 慶

［制作者のコメント］

大隅半島の定置網で漁獲される未利用魚や低利用魚と男の子が話をしています。昔の海について教えてもらっているのでしょう。ここ30年間、私たちが食べる魚種のランキング上位はほぼ変わっていません。だけど、海は近年急速に変わっている。そのことに気づき、私たちも行動を変えるべきではないでしょうか？

［審査員のコメント］

海が変わりつつある今、人の暮らしも変わらないといけないのですよね。

POST CARD

ポスター部門 一般の部 入賞作品

井上 航介

［制作者のコメント］

家族で沖縄旅行に行き、姉をモデルに撮影した時の写真です。最近できた海のブランコで、人が少なくて開放感がすごく、とても気持ち良かったです。それをいろんな人に伝えたいと思い、制作しました。

［審査員のコメント］

命短し〜、恋せよ乙女〜♪

ポスター部門 一般の部 入賞作品

上田 智一朗
Ueda Motoichiro

私の海☆沖縄県

沖縄県(うるま市 伊計島 伊計ビーチ)

ポスター部門 一般の部 入賞作品

又吉 乃亜
Matayoshi Noa
(沖縄県立久米島高等学校)

私の海☆沖縄県

沖縄県(島尻郡久米島町 大港橋)

POST CARD

ポスター部門 一般の部 入賞作品

上田 智一朗

［制作者のコメント］

僕と息子のベストビーチです！潜るのが大好きな息子は、ここで熱帯魚を一日中観察！去年の夏に遊びに来てこのビーチに惚れ込み、今年東京から近くに引っ越してきました！新生活満喫中です！

［審査員のコメント］

え、近くに引っ越したの！確かに、それぐらい伊計ビーチは魅力的ですよね。

POST CARD

ポスター部門 一般の部 入賞作品

又吉 乃亜

［制作者のコメント］

この写真を撮った久米島の大港橋はいつも学校の帰りに通る橋で、たくさんの青春が詰まっている場所です！大きく広がる海と港に止まっているフェリーを見ると、なんだか旅に出たくなります。いちばん苦労したのはキャッチコピーです。どうやったら目に留まるポスター、印象に残るポスターになるのかを考え、様々な案を出して、最終的にこのキャッチコピーにしました。これを機にとても綺麗な久米島の海がたくさんの人に届けばいいなと思います。

［審査員のコメント］

もっとたくさん久米島にキスして、もっとたくさん久米島を愛してください。

ポスター部門 一般の部 入賞作品

ゆう
Yu

私の海☆沖縄県

沖縄県（国頭郡恩納村 青の洞窟）

いまだけ、ここにしかない海。

青の洞窟
恩納村
OKINAWA
ONNASON

ポスター部門 こどもの部 入賞作品

若山 朝香
Wakayama Asaka
（子どもあとりえプランタン）

私の海☆青森県

青森県（陸奥湾）

POST CARD

ポスター部門 一般の部 入賞作品

ゆう

［制作者のコメント］

卒業旅行で大学の友人と沖縄を訪れた際に撮影した写真です。キャッチコピーの「いまだけ、ここにしかない海。」はまさにこの写真を撮ったこの瞬間にしかない、友人と過ごした大切な時間と空間であり、唯一無二のものであることを表しています。強く記憶に残る美しい瞬間は海に行けば出会える、ということを伝えたくて制作しました。

［審査員のコメント］

水中の記念撮影面白いですね。残念ながら顔は見えないけど。

POST CARD

ポスター部門 こどもの部 入賞作品

若山 朝香

［制作者のコメント］

むつ湾では多くの魚がとれます。魚は見るのも食べるのも大好きです。この赤いかさごを見た時は、なんて鮮やかでかっこいい魚だろう、女王様みたいだと思ってこの絵を描きました。

［審査員のコメント］

かさご女王！綺麗で、しかもおいしい。

本藤 梨奈
Hondo Rina

私の海☆宮城県

宮城県（牡鹿郡 女川町）
海と日本プロジェクト宮城エリア賞

ホヤといえば女川

齋藤 晴菜子
Saito Hanako
（酒田市立亀ケ崎小学校）

私の海☆山形県

山形県（飽海郡遊佐町 釜磯海水浴場）

POST CARD

ポスター部門 こどもの部 入賞作品

本藤 梨奈

[制作者のコメント]

“ホヤといえば女川” ホヤを知らない人がたくさんいると思うので、ぜひ知ってもらいたい。女川に来て食べてもらいたい。その不思議議な形と触感に驚いてもらいたいです。

[審査員のコメント]

オレンジの夕日とオレンジのホヤを並べて描くなどデザインのセンスが優れています。またシンプルなキャッチコピーも秀逸。(海と日本PROJECT in みやぎ)

POST CARD

ポスター部門 こどもの部 入賞作品

齋藤 晴菜子

[制作者のコメント]

毎年遊びに行っています。冷たい湧き水が出ているところに足を入れると、吸い込まれそうで、楽しいです。

[審査員のコメント]

冷たい湧き水というのが気になります。

ポスター部門 こどもの部 入賞作品

澤田 啓樹

Sawada Hiroki

(いわき市立郷ヶ丘小学校)

私の海☆福島県

福島県

海と日本プロジェクト福島エリア賞

ポスター部門 こどもの部 入賞作品

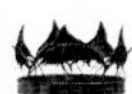

赤羽 陽向

Akaba Hinata

(宇都宮市立上河内東小学校)

私の海☆栃木県

栃木県

海と日本プロジェクト栃木エリア賞

POST CARD

ポスター部門 こどもの部 入賞作品

澤田 啓樹

[制作者のコメント]

僕は小さい頃からこの福島の海を見て育ち、この海の魚を釣ったり、食べたりしてきました。でも、今は地球温暖化や海にゴミを捨てる人がいるせいで、福島の魚がだんだん減ってきています。なので僕はこの福島の魚がいつまでもずっと食べられるように守っていきたいと、思いを込めて作りました。

[審査員のコメント]

福島の海の生き物たちが笑顔で過ごしている様子がいいと思います。旗のメッセージも相まって、こんな海を守り続けていかなければと思わされます。(海と日本PROJECT in ふくしま)

POST CARD

ポスター部門 こどもの部 入賞作品

赤羽 陽向

[制作者のコメント]

この絵のように、たくさんのマグロがとれる海になってほしいという気持ちで描きました。大変だったのはマグロの型を作るのに、絵を描いた後にデザインナイフで切ったところです。海の環境が悪化しないよう、これからもゴミのポイ捨てをしないことや節電節水を心掛けていきたいです。きれいな海を保つため、世界中の皆に守ってほしいです。

[審査員のコメント]

色の濃淡でマグロの遠近感が出ていて、かつ、たくさんいる感じがします!マグロの消費量が日本一の栃木県。マグロがいっぱい泳ぐ海になるといいですね。(海と日本PROJECT in 栃木県)

荻原 純永

Ogiwara Sumie

（文京学院大学ふじみ野幼稚園）

私の海☆千葉県

千葉県（勝浦市 勝浦海中公園）

ポスター部門 こどもの部 入賞作品

大山 耀平

Oyama Yohei

（慶應義塾幼稚舎）

私の海☆富山県

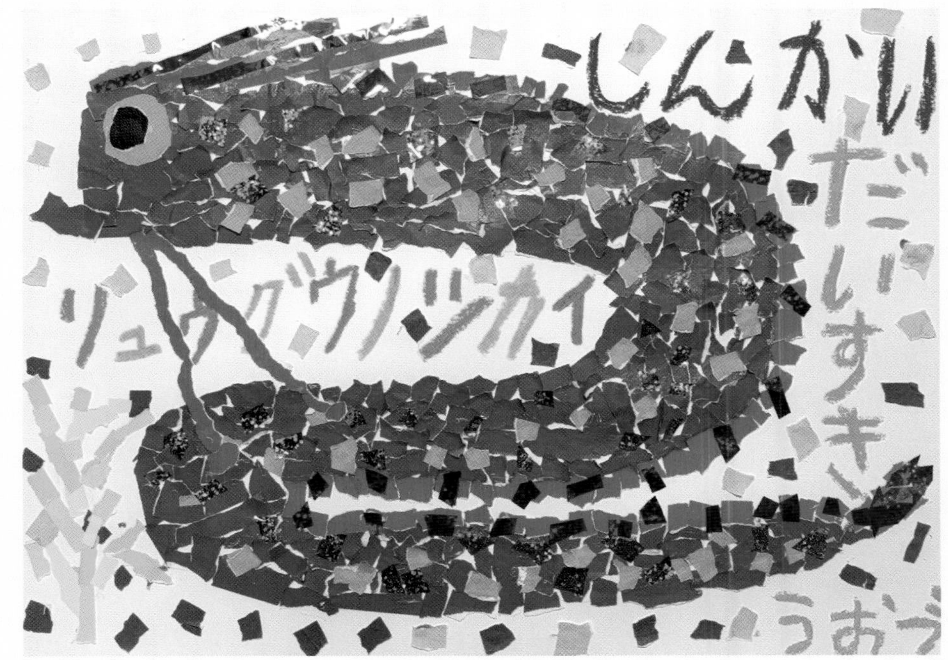

富山県（魚津市）

POST CARD

ポスター部門　こどもの部　入賞作品

荻原 純永

［制作者のコメント］

家族旅行で行った、千葉県の勝浦海中公園を描きました。この海中公園からは海の中を見ることができます。海の中は想像していたよりもずっとお魚さんたちがたくさん泳いでいて、お魚さんの国があるのだと思った！ また行きたいし、たくさんの人たちに知ってほしい場所です。

［審査員のコメント］

泳ぐ魚たちを水面から見ている感じが表現できていて、素敵です。

POST CARD

ポスター部門　こどもの部　入賞作品

大山 耀平

［制作者のコメント］

作者である息子は深海魚が大好きで、将来深海ハンターになり、リュウグウノツカイを自宅で飼うことが夢だ！と言っています。富山県魚津にリュウグウノツカイが打ち上げられ、状態のいい本物（標本）を見ることができると知り、見に行った時の感動から、このポスターを描きました。『大好きな深海魚たちに、今自分ができることから始める！』とペットボトルのキャップ分別やラベルはがしなどにも意欲的に取り組み、海洋プラスチック問題解決の一助になればと考えています。

［審査員のコメント］

深海ハンター！ぜひなってください。

ポスター部門 こどもの部 入賞作品

古屋 姫乃

Furuya Himeno

（中央市立玉穂南小学校）

私の海☆山梨県

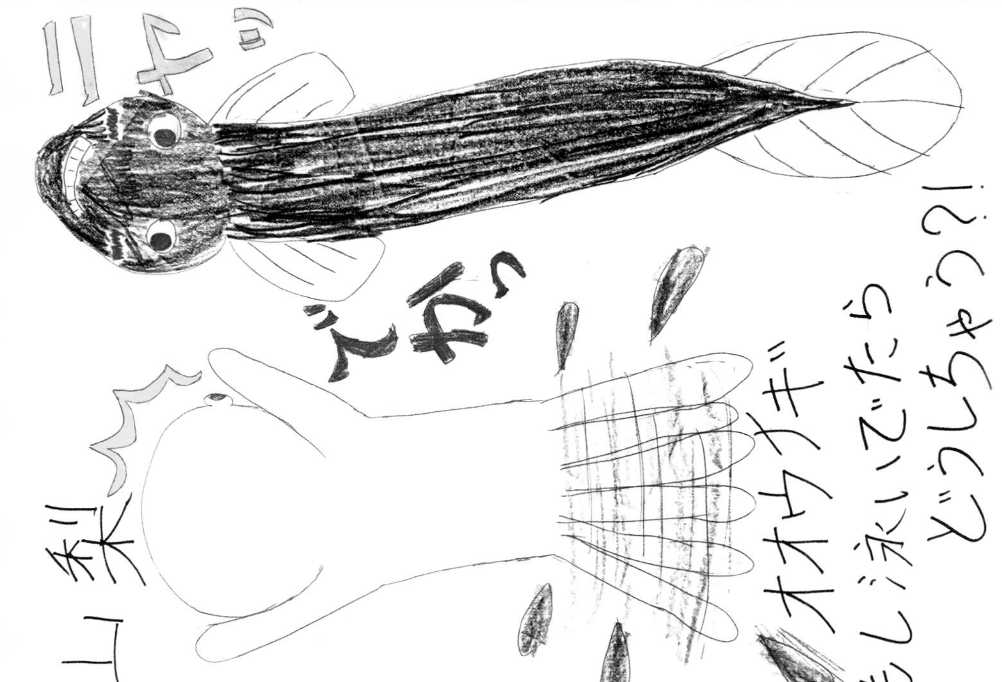

山梨県

海と日本プロジェクト山梨エリア賞

ポスター部門 こどもの部 入賞作品

遠藤 孜毅

Endo Atsuki

（岐阜市立華陽小学校）

私の海☆岐阜県

岐阜県（岐阜市（富山県 氷見市））

海と日本プロジェクト岐阜エリア賞

POST CARD

ポスター部門 こどもの部 入賞作品

古屋 姫乃

［制作者のコメント］

大鰻は普通の鰻よりも大きいと知りとても驚きました。山梨県も川を通して海と繋がっています。もしも大鰻が川を上ってきて、川で一緒に泳げたら面白いと思い、この発想に繋がりました。どうしたら驚いていることが伝わるか考えて、目を飛び出させたり、悪戯っぽく笑っているようにしました。

［審査員のコメント］

紙を目一杯使ったダイナミックな構成が素晴らしいです。鰻の表情や人間の動きも丁寧に描かれており、見る人を惹きつけるパワーを感じます。「でかっ」「ニヤッ」というインパクトのある言葉が絵とマッチしている点も評価しました。（海と日本PROJECT in やまなし）

POST CARD

ポスター部門 こどもの部 入賞作品

遠藤 孜毅

［制作者のコメント］

『川のきれいは海のきれいにつながっている』ということがいちばん印象に残ったので、この題名で描きました。

［審査員のコメント］

森の緑と川の流れ、真っ赤な太陽と海、色使いなどバランスよく描かれていて「川のきれいは海のきれい」のコピーが岐阜と海とのつながりを上手に表現している点が良かったです。（海と日本PROJECT in 岐阜県）

ポスター部門 こどもの部 入賞作品

平岩 璃久
Hiraiwa Riku

私の海☆岐阜県

岐阜県

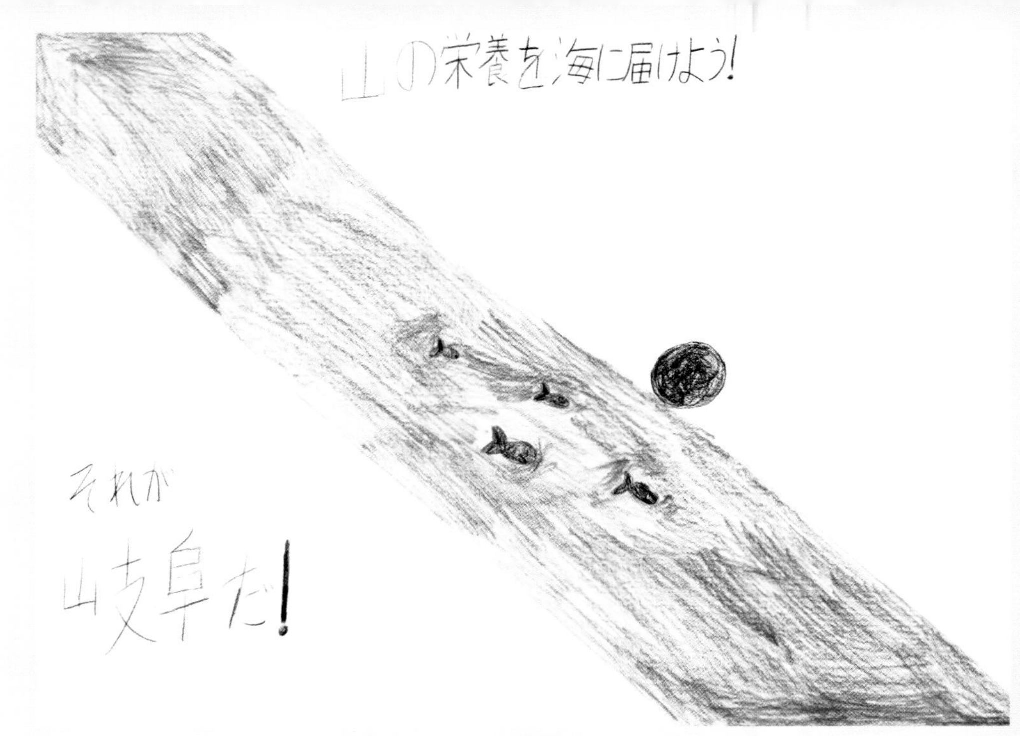

ポスター部門 こどもの部 入賞作品

近藤 芙光子
Kondo Fumiko

私の海☆愛知県

愛知県(知多郡南知多町 篠島)
海と日本プロジェクト愛知エリア賞

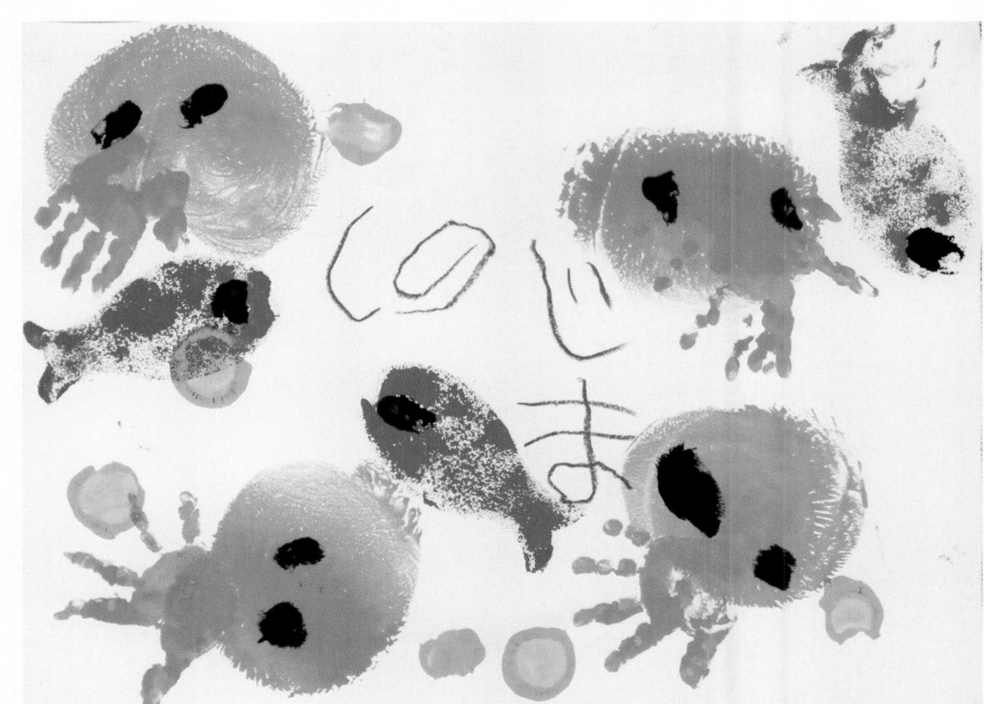

POST CARD

ポスター部門 こどもの部 入賞作品

平岩 璃久

［制作者のコメント］

海と岐阜の関わりについて学び、遠く離れていても山の栄養が海に運ばれることを知り、岐阜って素晴らしいということを伝えたいと思いました。

［審査員のコメント］

海が豊かなのも岐阜のおかげです。ありがとう岐阜。

POST CARD

ポスター部門 こどもの部 入賞作品

近藤 芙光子

［制作者のコメント］

お船に乗りました。タコをお姉ちゃんと食べました。お魚さんも見ました。また行きたいです。

［審査員のコメント］

一目見た瞬間に、楽しかった思い出が手に取るように伝わってきました。色使いがとても綺麗で、またタコの丸みがとても上手に表現できていると思いました。（海と日本PROJECT in 愛知県）

ポスター部門 こどもの部　入賞作品

安田 陸人
Yasuda Rikuto
（田辺市立会津小学校）

私の海☆和歌山県

和歌山県
海と日本プロジェクト和歌山エリア賞

ポスター部門 こどもの部　入賞作品

横川 琴音
Yokogawa Kotone
（修立こどもエコクラブ）

私の海☆鳥取県

鳥取県（岩美郡岩美町 浦富海岸）

POST CARD

ポスター部門 こどもの部 入賞作品

安田 陸人

［制作者のコメント］

僕が好きな「チョウザメ」は元は日本に棲んでいましたが、近年の環境悪化等によりいなくなってしまいました。他の魚も同じようになってほしくないため、この絵を描きました。「こりゃ、だめだー」というのは環境悪化した海からしぶしぶ別れる魚の心の声です。棲み慣れた海から出て行く魚は涙が出るほど悲しんでいます。僕たちには綺麗な海・魚をずっと守る義務があると思います。

［審査員のコメント］

魚とゴミが一枚にまとめられ、またゴミから逃げるように全員が反対を向いているところとコメントにユーモアを感じます。（海と日本PROJECT in 和歌山県）

ポスター部門 こどもの部 入賞作品

横川 琴音

［制作者のコメント］

綺麗な海が好き。綺麗な海を守るためにゴミ拾いもしました。描くのに手がいっぱい汚れました。

［審査員のコメント］

おじさんも綺麗な海が好きだよ。

POST CARD

ポスター部門 こどもの部　入賞作品

木附 拓己
Kitsuki Takumi
（尾道市立栗原小学校）

私の海☆広島県

たべたい
のみたい
あそびたい 尾道!!

広島県（尾道の海）

ポスター部門 こどもの部　入賞作品

小松 希紗
Komatsu Kisa
（佐賀市立巨勢小学校）

私の海☆佐賀県

佐賀県（有明海）
海と日本プロジェクト佐賀エリア賞

POST CARD

ポスター部門 こどもの部 入賞作品

木附 拓己

［制作者のコメント］

みんなに尾道の鯛を食べてほしい。刺身は最高においしいです。頭は汁にして食べると、よく出汁が出ておいしいです。僕は尾道の鯛が大好きです。

［審査員のコメント］

みたい、いきたい、まんきつしたい尾道！

POST CARD

ポスター部門 こどもの部 入賞作品

小松 希紗

［制作者のコメント］

佐賀県の自然豊かなところが大好きで、有明海について学びました。有明海に棲む生き物や、その生き物と暮らす人々について学び、より自分が住む佐賀県が好きになりました。

［審査員のコメント］

海を守ろうや綺麗にしようといったメッセージが多い中「海とふれあおう」という切り口が面白い。海とともに生きる漁師の方を題材に、有明海の早朝に行われている伝統的な投網漁を描写している点を評価しました。（海と日本PROJECT in 佐賀）

ポスター部門 こどもの部 入賞作品

河野 早紀

Kono Saki

（佐世保市立大塔小学校）

私の海☆長崎県

長崎県（五島市）

海と日本プロジェクト長崎エリア賞

ポスター部門 こどもの部 入賞作品

篠原 僚志

Shinohara Ryoji

私の海☆沖縄県

沖縄県

POST CARD

ポスター部門 こどもの部 入賞作品

河野 早紀

[制作者のコメント]

魚や海藻はすべて自然の宝なので少しでも海を大切にしてほしいという思いを込め、「海は自然の宝」というキャッチフレーズを入れました。五島と北海道の魚が元気良く泳いでいる姿を、生きているように工夫して描きました。まわりには五島の椿や北海道で食べたイクラを描き、五島と北海道の魅力を詰め込んだ絵にしました。

[審査員のコメント]

洋上風力発電「はえんかぜ」、水中は魚礁となっており、魚礁を切り貼りなどで表現。ITで飼育するマグロ養殖も表現し、「科学が詰まった地球に優しい五島の海」が伝わります。(海と日本PROJECT in ながさき)

POST CARD

ポスター部門 こどもの部 入賞作品

篠原 僚志

[制作者のコメント]

水族館で飼育するのがすごく難しいバショウカジキ。テレビでしか見たことのないバショウカジキと一緒に泳いでいるところを想像して描きました。

[審査員のコメント]

カジキと一緒に泳ぐなんて、すごい夢だ。

ポスター部門 インスタの部　入賞作品

かるたび
Karutabi

私の海☆山形県

山形県（鶴岡市 三瀬海水浴場）

ポスター部門 インスタの部　入賞作品

遠藤 明子
Endo Akiko

私の海☆千葉県

千葉県（銚子市 長崎海岸）
海と日本プロジェクト千葉エリア賞

POST CARD

ポスター部門 インスタの部 入賞作品

かるたび

［制作者のコメント］

山形県の三瀬海水浴場は透明度も高く潜っても楽しい、浅瀬で生き物探しをしても楽しい、素敵な海水浴場です。いつまでもこの綺麗な環境が守られていきますように。

［審査員のコメント］

綺麗ですね山形。次の旅行候補にします。

POST CARD

ポスター部門 インスタの部 入賞作品

遠藤 明子

［制作者のコメント］

千葉県銚子市長崎町の太平洋を望む丘の上にある長久郎稲荷は、地元では"ちょぼくり稲荷"と呼ばれています。魚の鳥居が漁師町らしく、地元の人に愛されています。日の出前のブルーアワーに撮影しました。

［審査員のコメント］

銚子の大漁を願うタイとサンマとイワシの鳥居がシュールな雰囲気を醸し出し、太平洋とマッチした力のある作品のため選出しました。（海と日本PROJECT in 千葉県）

ポスター部門 インスタの部　入賞作品

石崎 理絵
Ishizaki Michie

私の海☆東京都

東京都（港区 お台場海浜公園）
海と日本プロジェクト東京エリア賞

ポスター部門 インスタの部　入賞作品

かえるくん
Kaerukun

私の海☆富山県

富山県（富山市 浜黒崎）

POST CARD

ポスター部門 インスタの部　入賞作品

石崎 理絵

［制作者のコメント］

この日唯一、カメラ目線で撮れた一枚が泣き顔でした。暑いとか浮き輪がないとか怒って泣いてばかりの日でした笑。いろいろな思いが伝わってくる泣き顔を選びました。お台場はアクセスも良く、公園もあるしショッピングやグルメも楽しめる。こども連れにもオススメの場所ですよ。

［審査員のコメント］

こどもの海離れが進んでいると言われていますが、都内でも海に触れることができる場所もたくさんあります。海遊びを心から楽しんでいる様子が伺える作品で、海遊びを楽しみにしてくれるお子さんが増えるといいなと思いました。（海と日本PROJECT in TOKYO）

POST CARD

ポスター部門 インスタの部　入賞作品

かえるくん

［制作者のコメント］

とにかく海の色が綺麗で、日本海とは思えないほど穏やかだったので、地名と色をアピールすることでそれを伝えたかったです。富山の方々は穏やかなので、方言を入れて伝えました。

［審査員のコメント］

写真もいいけど、ハマクロ ウミアオってコピーもいいね。

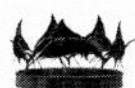

矢鋪 修士
Yasiki Shuto
（金沢科学技術大学校）

私の海☆石川県

浜辺の上での
乗馬
体験してみませんか？
珠洲　鉢ヶ崎海岸

石川県（珠洲市 鉢ヶ崎海岸）
海と日本プロジェクト石川エリア賞

ポスター部門 インスタの部　入賞作品

はな
Hana

私の海☆石川県

石川県（金沢市 近江町市場）

POST CARD

ポスター部門 インスタの部 入賞作品

矢鋪 修士

［制作者のコメント］

いちばん頑張ったのは乗馬の部分を馬の鳴き声に合わせて、それっぽく動かしたところです。

［審査員のコメント］

最初に制作した動画作品はもっとシンプルでしたが、もっと楽しくという講師のアドバイスを受けて、馬の鳴き声と駆ける馬のSEを加えてアレンジし、さらに「乗馬」テロップにアクションを加えて、楽しい作品にブラッシュアップされました。（海と日本PROJECT in いしかわ）

POST CARD

ポスター部門 インスタの部 入賞作品

はな

［制作者のコメント］

初めて近江町市場を訪れ、カニがズラリと並ぶ圧巻の光景につい写真に収めたくなってしまいました。よく海鮮のことを海の幸と言いますが、こんなにも海の幸がとれる豊かな海こそが幸だと思いました。

［審査員のコメント］

えぇ〜、おいしそうすぎる。カニ食べたい。

ポスター部門 インスタの部　入賞作品

飯田 あゆみ

Handa Ayumi

私の海☆福井県

福井県

ささ、こちらが
竜宮城への
入り口で
ございます

福井県

ポスター部門 インスタの部　入賞作品

kono_k_y_chan

kono_k_y_chan

私の海☆静岡県

静岡県（静岡市 清水港）

POST CARD

ポスター部門 インスタの部　入賞作品

飯田 あゆみ

［制作者のコメント］

コロナのせいか、いつも海に人がいなくて、びっくりするくらい綺麗でした。でも、そんな綺麗な海でも、地元のおじいちゃんたちは「昔はもっと綺麗だった」と言います。そんな海をこの目で見てから死にたい。

［審査員のコメント］

なんかドキドキします。帰ってきても玉手箱は開けないように気をつけます。

POST CARD

ポスター部門 インスタの部　入賞作品

kono_k_y_chan

［制作者のコメント］

清水港は日本一深い駿河湾に面し、日本一高い富士山が望める美しい港です。駿河湾フェリー航路は「県道223（ふじさん）号」と呼ばれ、最高のクルージング体験ができます。さあ清水港から旅に出ましょう。

［審査員のコメント］

未来を見ているような少年の瞳にクギヅケです。

ポスター部門 インスタの部 入賞作品

豊田 博臣
Toyota Hiroomi
(Act Studio)

私の海☆愛知県

愛知県(知多半島)

ポスター部門 インスタの部 入賞作品

pleasure_kaoru
pleasure_kaoru

私の海☆山口県

山口県(下関市 毘沙ノ鼻)

POST CARD

ポスター部門 インスタの部　入賞作品

豊田 博臣

［制作者のコメント］

すごく綺麗な海だったので、何気にシャッターを…

［審査員のコメント］

オープンカーで海辺を走るなんて、贅沢すぎる。

ポスター部門 インスタの部　入賞作品

pleasure_kaoru

POST CARD

［制作者のコメント］

下関にある毘沙ノ鼻は初めて行きました。実はその行った月の吉方位が毘沙ノ鼻の方角で、近くの神社を参拝した後に毘沙ノ鼻へ行きました。とても広く海が見渡せて気晴らしになりました。入賞は吉方位効果かな。少し辺偏なところで人は少ないだろうと思っていましたが、意外にも人が多くて驚きました。皆さん「はしっこだいすき♥」なんだと思いました。

［審査員のコメント］

本州最西端の夕日が見てみたい。

ポスター部門 インスタの部　入賞作品

shigyo_akiko

shigyo_akiko

私の海☆長崎県

長崎県（五島列島 福江島）

私だけの青い島

Nagasaki Goto

Fukue Island

ポスター部門 インスタの部　入賞作品

road46n

road46n

私の海☆鹿児島県

鹿児島県（与論島 ウドノスビーチ）

POST CARD

ポスター部門 インスタの部　入賞作品

shigyo_akiko

[制作者のコメント]

—

[審査員のコメント]

列島の海の色、すごいです。

POST CARD

ポスター部門 インスタの部　入賞作品

road46n

[制作者のコメント]

—

[審査員のコメント]

(笑)(笑)(笑)。いや、文字通り一直線。

rei

rei

(NORA HAIR SALON)

私の海☆沖縄県

沖縄県(慶良間諸島)

ポスター部門 インスタの部 入賞作品

Eri

Eri

私の海☆沖縄県

沖縄県(宮古島)

Blue Actionクルー賞

ポスター部門 インスタの部　入賞作品

rei

［制作者のコメント］

水泳選手のような綺麗な飛び込みをイメージしたのですが、顔から飛び込んでしまった動画です。

［審査員のコメント］

痛そう（笑）。でも、海が綺麗だし、ま、いっか。

POST CARD

ポスター部門 インスタの部　入賞作品

Eri

［制作者のコメント］

生後5ヶ月から海に入り、美しい海とともに大きくなった娘。自分で浮き輪を持って、ママよりも先に海に向かう、ちっちゃいけど逞しい背中に目頭が熱くなった瞬間です。

［審査員のコメント］

気持ちはわかります。大人にはできないので、今のうちに満喫してください。

POST CARD

ポスター部門 インスタの部　入賞作品

NORA_taroo
NORA_taroo
(NORA HAIR SALON)

私の海☆沖縄県

沖縄県(渡嘉敷島)

ポスター部門 インスタの部　入賞作品

佐久間 晴夏
Sakuma Haruka

私の海☆沖縄県

沖縄県(国頭郡 伊江島)

POST CARD

ポスター部門 インスタの部　入賞作品

NORA_taroo

［制作者のコメント］

—

［審査員のコメント］

定休日が土日・祝・平日は休みすぎです（笑）

POST CARD

ポスター部門 インスタの部　入賞作品

佐久間 晴夏

［制作者のコメント］

大人になってもあの頃のように修学旅行気分で旅しませんか？

［審査員のコメント］

大人でも修学旅行行ってもいいのね。どこ行こうか？

ポストカード部門 一般の部　入賞作品

岩本
Iwamoto

私の海☆北海道

北海道（オホーツク海）
海と日本プロジェクト北海道エリア賞

ポストカード部門 一般の部　入賞作品

つゆちゃん
Tsuyuchan

私の海☆岩手県

岩手県（宮古市 浄土ヶ浜）
海と日本プロジェクト岩手エリア賞

ポストカード部門 一般の部　入賞作品

岩本

［制作者のコメント］

寒くなってくると、自然と海とは疎遠になりがちになってしまうと思うのですが、オホーツク海は冬になると流氷が漂流します。白と青のコントラストがとても綺麗で、何度でも足を運び見たくなる景色です。

［審査員のコメント］

流氷っておいしそう、という食欲に結びつける発想がユニークで、どこか納得するところがあることから選出しました。（海と日本PROJECT in ガッチャンコ北海道）

POST CARD

ポストカード部門 一般の部　入賞作品

つゆちゃん

［制作者のコメント］

東日本大震災の復興支援のため毎年グループで岩手県にお邪魔しています。岩手県大槌町に観光がてら行っています。宮古市の浄土ヶ浜から船での観光です。鳥がグループのメンバーの上に乗ってくれました。ようこそ！岩手県に〜と迎え入れてくれているようです。綺麗な海にみんな観光に来てくださいね。

［審査員のコメント］

ウミネコ（カモメ？）が乗っている構図が面白く、被写体の笑顔も素晴らしい。また、岩手の海の豊かなイメージが表現されているのがとても良いため選定しました。（海と日本PROJECT in 岩手）

POST CARD

ポストカード部門 一般の部　入賞作品

Botchy-Botchy

Botchy-Botchy

私の海☆福島県

福島県（いわき市 四倉海水浴場）

ポストカード部門 一般の部　入賞作品

細川 早苗

Hosokawa Sanae

私の海☆埼玉県

埼玉県

海と日本プロジェクト埼玉エリア賞

POST CARD

ポストカード部門 一般の部　入賞作品

Botchy-Botchy

［制作者のコメント］

福島県もサーフィンができる。そしてのんびりもできます。マイペースで最高！

［審査員のコメント］

ごゆっくりしたくなりました。

POST CARD

ポストカード部門 一般の部　入賞作品

細川 早苗

［制作者のコメント］

昨年も入賞させていただき、とてもうれしく励みになりました。体はもちろん脳も心もすっかり固くなり、海なし県の発想をどう飛ばすか楽しみと苦労半々だったのが、楽しみのほうが半分以下になっているような…。来年もチャレンジできたらいいなと思っています。

［審査員のコメント］

埼玉の山の養分が豊かな川を伝って海へと流れ込むことを表しており、海なし県・埼玉の特徴をわかりやすく表現した作品です。養分が伝う川は大きな木の幹で、木に実る果実は魚で描かれている点に作者の豊かな感性を伺うことができます。（海と日本PROJECT in 埼玉県）

ポストカード部門 一般の部　入賞作品

中山 純
Nakayama Jun
（専門学校 東京スクール・オブ・ビジネス）

私の海☆富山県

富山県（射水市）
海と日本プロジェクト富山エリア賞

ポストカード部門 一般の部　入賞作品

祖父江 智早子
Sobue Chisako

私の海☆静岡県

静岡県（浜名湖）
海と日本プロジェクト静岡エリア賞

POST CARD

ポストカード部門 一般の部 入賞作品

中山 純

[制作者のコメント]

富山県射水市の夕日を見ると、20年前のゲーム「ぼくのなつやすみ」に出てくる海と夕日を思い出したのでこの作品を制作しました。夕日と海だけ見てもとても綺麗ですが、家と船、街灯などから感じる生活感がとてもノスタルジックな気持ちにさせてくれます。今東京で生活しているのですが、長期休みの時に射水市に行って暮らして、まるでゲームの主人公のような非日常を味わってみたいです。

[審査員のコメント]

日本のベニスと呼ばれ、映画のロケ地にもなった、富山を代表する射水市の「新湊内川」の様子が情緒豊かに表現されているため選出しました。（海と日本PROJECT in 富山）

POST CARD

ポストカード部門 一般の部 入賞作品

祖父江 智早子

[制作者のコメント]

浜名湖から歩いて5分ほどのところに住んでいます。私にとって浜名湖は優しく穏やかな美しい海です。

[審査員のコメント]

タッチや風景から「静岡の夏」を感じました。海ではありませんが静岡を代表する湖ということでエリア賞に推薦いたします。（海と日本PROJECT in 静岡県）

ポストカード部門 一般の部　入賞作品

中邑 たまき

Nakamura Tamaki

私の海☆京都府

京都府（丹後）

ポストカード部門 一般の部　入賞作品

髙橋 秀治

Takahashi Syuji

私の海☆兵庫県

兵庫県（明石市 林崎松江海水浴場）

POST CARD

ポストカード部門 一般の部 入賞作品

中邑 たまき

［制作者のコメント］

生まれ育った地元の「丹後の海」をイメージして描きました。夏の海に潜ると普段の生活とは別世界で、想像をかき立てられたり、本来の自分の姿を思ったり、純粋な気持ちになります。そんな海がいつまでも美しくあってほしいです。こどもと一緒に応募し、楽しく参加させていただきました。ありがとうございました。

［審査員のコメント］

海の中の不思議な世界に、すごく惹きつけられます。

POST CARD

ポストカード部門 一般の部 入賞作品

髙橋 秀治

［制作者のコメント］

今まで使用したソファーと最後のお別れをする前に、地元の大好きな海でこんなシチュエーションがあれば面白いなと記念撮影。

［審査員のコメント］

ずいぶんと大がかりな撮影を。いや、面白い。座布団一枚。

ポストカード部門 一般の部　入賞作品

なっちゃん
Nacchan

私の海☆兵庫県

兵庫県（神戸市 須磨海水浴場）
海と日本プロジェクト兵庫エリア賞

ポストカード部門 一般の部　入賞作品

山本 弥枝・朝陽
Yamamoto Yae, Asahi

私の海☆島根県

島根県（松江市島根町 桂島海水浴場）
海と日本プロジェクト島根エリア賞

POST CARD

ポストカード部門 一般の部 入賞作品

なっちゃん

[制作者のコメント]

須磨の海水浴場は、私の大好きな場所です。私は幼い頃から家族でよくこの場所を訪れ、夏は真っ黒になるまで遊び、海の家でかき氷を食べました。海開きしない須磨の海水浴場は寂しかったです。今年は3年ぶりに友人とこの地を訪れました。みんなの笑い声を聞くと、本来の夏が訪れたと感じました。明石海峡大橋と須磨の海のコントラストもとても綺麗で、全国の皆さんにおすすめしたい素敵な場所です。

[審査員のコメント]

3年ぶりの海水浴場がにぎわう様子がよく描けていると感じました！ この様子が続けばと思います！（海と日本PROJECT in ひょうご）

POST CARD

ポストカード部門 一般の部 入賞作品

山本 弥枝・朝陽

[制作者のコメント]

毎年夏に家族で鳥取に帰省します。その際に必ず足を運ぶのが島根県桂島の海水浴場。桂島は水が澄んでおり、多くの珍しい海の生き物に出会える貴重な場所です。コロナ禍で3年ぶりに訪れました。海でウミウシに出会えて正直ホッとした気持ちでした。いつまでも多種多様な生き物が棲む美しい海であってほしいと願います。ウミウシに優しく触れ、素敵な俳句を詠んだ次男（11歳）にこの賞を贈ります。

[審査員のコメント]

コロナにより、3年ぶりに帰った故郷の海に対する想いがあふれる作品という点を評価いたしました。（海と日本PROJECT in しまね）

ポストカード部門 一般の部　入賞作品

中家 光祐

Nakaie Kosuke

私の海☆広島県

広島県（呉市）

ポストカード部門 一般の部　入賞作品

山田 紗矢佳

Yamada Sayaka

（アカデミーハウス2期生）

私の海☆山口県

山口県（山口市秋穂 あかせビーチ）

POST CARD

ポストカード部門 一般の部 入賞作品

中家 光祐

［制作者のコメント］

セーラー服姿の海上保安大学の人の姿を見て、海を守る大きな背中をイメージして描きました。

［審査員のコメント］

セーラー服は元々イギリス海軍の服って知ってました？

POST CARD

ポストカード部門 一般の部 入賞作品

山田 紗矢佳

［制作者のコメント］

昔、おばあちゃん家の近くの海で撮った妹との思い出を描きました。写真を撮られるのがちょっと恥ずかしい年頃の妹 VS 妹の写真が撮りたい姉（私）の絵です。なつかし〜。そんな妹も来年、成人です。

［審査員のコメント］

第2弾として、20歳になった妹さんの作品を撮ってみてはどうでしょう？

シカ
Shika

私の海☆高知県

高知県(土佐清水市 以布利)
海と日本プロジェクト高知エリア賞

ポストカード部門 一般の部　入賞作品

北川 典子
Kitagawa Noriko
(太宰府アートのたね)

私の海☆福岡県

福岡県

POST CARD

ポストカード部門 一般の部　入賞作品

シカ

［制作者のコメント］

以布利に行った時、以布利にもジンベエザメがいると教えていただき、見学に行ったところちょうど餌の時間で覗かせていただきました。その時のジンベエザメの迫力と陽の光が射し込む水槽の水の揺らめきが忘れられなくて、応募させていただきました。

［審査員のコメント］

ジンベエザメが立ち泳ぎも得意という情報にまず驚きました。イラストもジンベエザメの大きさが伝わってくるのが素晴らしいです。見上げるような視点で描かれているからでしょうか。いつか直接ジンベエザメの立ち泳ぎを見てみたいと思いました。（海と日本PROJECT in 高知県）

POST CARD

ポストカード部門 一般の部　入賞作品

北川 典子

［制作者のコメント］

人間が何気なく捨てたゴミは、海の生物にとっては未知のもの。それが、良いのか悪いのかもわからない。

［審査員のコメント］

タコが見つけるのはゴミじゃない方がいいよね、当たり前だけど。

ポストカード部門 一般の部　入賞作品

栗林 卓矢

Kuribayashi Takuya

私の海☆鹿児島県

鹿児島県（屋久島）

海と日本プロジェクト鹿児島エリア賞

ポストカード部門 一般の部　入賞作品

イアコブレバ タチャナ

Yakovleva Tatjana

私の海☆沖縄県

沖縄県（国頭郡恩納村 アポガマビーチ）

POST CARD

ポストカード部門 一般の部　入賞作品

栗林 卓矢

［制作者のコメント］

屋久島のトビウオは飛び跳ねるほどおいしいです。

［審査員のコメント］

鮮やかに活き活きとしたトビウオの様子を表しており、また、「トビウオ」と「飛び跳ねる」をかけたキャッチコピーがぴったりの作品だと評価しました。（海と日本PROJECT in 鹿児島）

POST CARD

ポストカード部門 一般の部　入賞作品

イアコブレバ タチャナ

［制作者のコメント］

アポガマビーチは恩納村の小さな隠れた宝石です。シュノーケリングやダイビングをしたり、パドルボードに乗って周辺を探索したりできます。水の中を覗くと、美しい魚や色とりどりのサンゴでいっぱいのまったく新しい世界が目の前に現れます。ここで泳いでいると、時間の経過に気づきません。

［審査員のコメント］

独特の世界観が、ここではないどこかへ誘うようです。

古川 光流
Furukawa Hikaru

私の海☆北海道

北海道（北海道の海）

豊島 結
Toyoshima Yu
（喜多方市立第一小学校）

私の海☆福島県

福島県（いわきの海）

POST CARD

ポストカード部門 こどもの部　入賞作品

古川 光流

［制作者のコメント］

北海道の海の生きもののおいしさ。

［審査員のコメント］

色使いがサイケデリックで、シビれます。

POST CARD

ポストカード部門 こどもの部　入賞作品

豊島 結

［制作者のコメント］

福島県のいわきの海のめひかりはとても綺麗な色をしてかわいくて、食べるとおいしいお魚です。ゆうより

［審査員のコメント］

めひかりおいしいよね。私は唐揚げが好き。

ポストカード部門 こどもの部　入賞作品

加古 瑠莉那
Kako Rurina

私の海☆茨城県

茨城県（日立市）

ポストカード部門 こどもの部　入賞作品

上森 ことか
Uemori Kotoka

私の海☆東京都

東京都（江戸川区 葛西臨海公園）

POST CARD

ポストカード部門 こどもの部　入賞作品

加古 瑠莉那

[制作者のコメント]

日立市は海と山に囲まれた町で、市の魚は「さくらダコ」、市の木は「さくら」です。市では、さくらダコを使った商品を開発したり、さくらのまち日立を目指して様々な取り組みが行われています。おいしいものが豊富で、綺麗な風景も堪能できますよ!!

[審査員のコメント]

桜の中にさくらダコ。日立はすごいね。

POST CARD

ポストカード部門 こどもの部　入賞作品

上森 ことか

[制作者のコメント]

私は生き物が大好きで、特に魚やカニ、ザリガニなど水辺の生き物が好きです。葛西臨海公園の干潟で見つけた、動きがかわいらしくて面白かったコメツキガニの絵を描きました。コメツキガニは土をそのまま口の中に入れて、小さな食べ物を取り出して、残りの土を丸くして積み上げます。動きが速くて隠れるのも上手です。絵を見た人にコメツキガニに興味を持ってもらいたくて、「こめをつくるカニ」というタイトルにしました。

[審査員のコメント]

コメツキガニはずっと見ていても飽きないよね。

ポストカード部門 こどもの部　入賞作品

下川 海稟

Shimokawa Kairi

私の海☆神奈川県

神奈川県（三浦市 三浦海岸）

ポストカード部門 こどもの部　入賞作品

滝脇 郁花

Takiwaki Fumika

私の海☆富山県

富山県（富山湾）

POST CARD

ポストカード部門 こどもの部　入賞作品

下川 海稟

［制作者のコメント］

―

［審査員のコメント］

クラゲは綺麗で見とれてしまいます。刺されないように気をつけてね。

POST CARD

ポストカード部門 こどもの部　入賞作品

滝脇 郁花

［制作者のコメント］

富山湾は、白えびやホタルイカ、寒ブリなどおいしいお魚がたくさんとれます。その中でも、「富山湾の宝石」と呼ばれる白えびが、私はいちばん大好きです。新鮮な白えびはキラキラ輝いて綺麗なので、宝箱に入れました。白えびのヒゲを切り抜くのが大変でした。たくさんの人に富山のおいしいお魚を食べてもらいたいです。

［審査員のコメント］

白えびは富山の宝石箱やぁ～。

淡野 雄貴

Tanno Yuki

（杉之子幼稚園）

私の海☆石川県

石川県（七尾市 のとじま水族館）

ポストカード部門 こどもの部　入賞作品

飯島 加偉

Iijima Kai

私の海☆静岡県

静岡県（駿河湾）

POST CARD

ポストカード部門 こどもの部 入賞作品

淡野 雄貴

［制作者のコメント］

3歳の時、家族でのとじま水族館に行っておじいちゃんに大きなジンベイザメのぬいぐるみを買ってもらいました。「ピッピ」と名付けてごっこ遊びをしたり、一緒に寝たりして今でも大切にしています。僕はピッピがきっかけで海の生き物が大好きになりました。この絵はピッピがカラフルな海で大きな口を開けてプランクトンを食べているところを描きました。これからも大好きな海の生き物たちが元気に暮らしていけるように海を大切にしたいです。

［審査員のコメント］

ジンベイザメかわいい。ずっと仲良くしてあげてね。

POST CARD

ポストカード部門 こどもの部 入賞作品

飯島 加偉

［制作者のコメント］

海の深さが日本一の駿河湾には、かっこいい深海魚がたくさんいます。まだまだ謎が多い深海にいつか行ってみたいです。富士山と駿河湾。高い&深いが日本一の静岡県は魅力がいっぱいです。

［審査員のコメント］

確かにこの深海魚はかっこいい。

ポストカード部門 こどもの部　入賞作品

瀬川 要
Segawa Kaname

私の海☆三重県

三重県
（北牟婁郡紀北町 城ノ浜海水浴場）
海と日本プロジェクト三重エリア賞

ポストカード部門 こどもの部　入賞作品

ブルックセル 玲央
Bruxelles Leo
（大阪狭山市立南第三小学校）

私の海☆大阪府

大阪府（大阪湾）

POST CARD

ポストカード部門 こどもの部 入賞作品

瀬川 要

［制作者のコメント］

今年の夏、三重県の海に初めて行ったのですが、とても綺麗でした。その海で泳いだら水が透き通っていて魚がよく見えました。後ろの山から夜になると鹿が水を飲みに来ると地元の人に聞きました。鹿も来たくなる綺麗な海、僕は納得でした。こんな綺麗な海を動物たちのためにも守りたいなと思いました。

［審査員のコメント］

実際に地元の方が「鹿が来る」と言っていたことがそのままキャッチになっていて、興味を惹かれました。思わず場所を検索してしまいました。見た人にアクションを起こさせる、優れた絵だと思います。（海と日本PROJECT in 三重県）

ポストカード部門 こどもの部 入賞作品

ブルックセル 玲央

［制作者のコメント］

家族で海へ釣りに行く。

［審査員のコメント］

伝説のイカ！ どんなイカなのか、知りたい!!

POST CARD

ポストカード部門 こどもの部　入賞作品

福海 博日

Fukuumi Hiroka

（学校法人須磨浦学園 須磨浦小学校）

私の海☆兵庫県

兵庫県（明石市）

ポストカード部門 こどもの部　入賞作品

田中 陽真厘

Tanaka Himari

（岡山市立平井幼稚園）

私の海☆岡山県

岡山県（玉野市 渋川海岸）

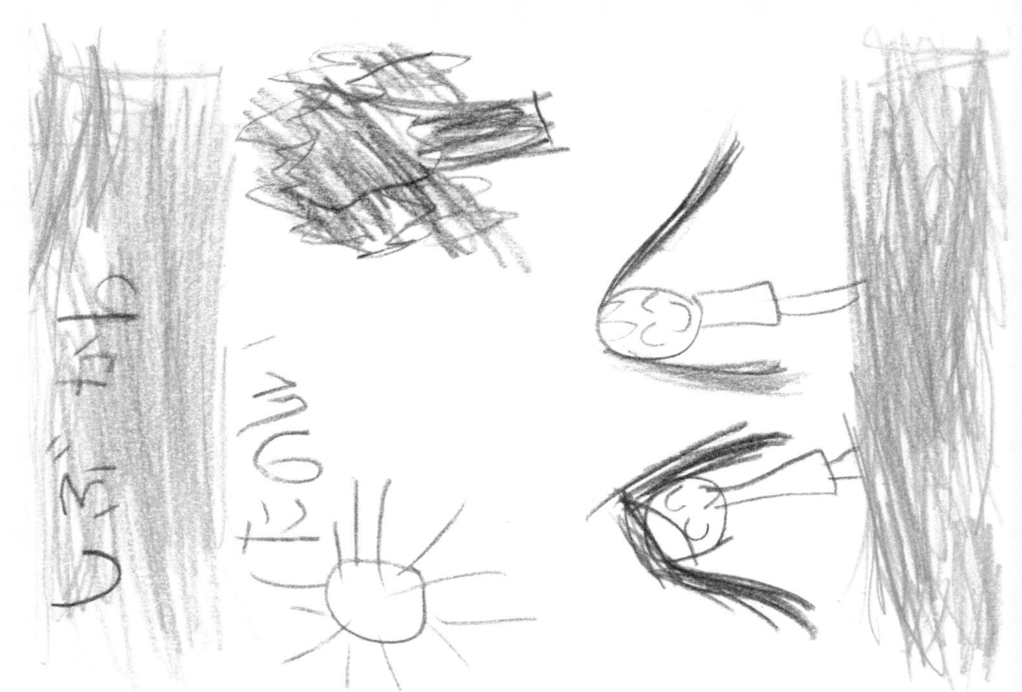

POST CARD

ポストカード部門 こどもの部 入賞作品

福海 博日

［制作者のコメント］

明石といえばタコと言えるほど、明石ダコは有名です。元気いっぱいのタコで、明石の宝物です。お刺身、やわらか煮、酢の物、天ぷらなど、様々な料理に使われていて、おいしいのでたくさんの人に食べてもらいたいです。去年は、捕獲量が大きく減ってしまったので、また増えてほしいと思います。絵を描く時に頑張ったところは、タコの頭の左側に影をつけたところです。背景の色を工夫して綺麗に塗れたのも気に入っています。

［審査員のコメント］

明石のタコといえばタコ飯。あ、お腹空いてきちゃった。

POST CARD

ポストカード部門 こどもの部 入賞作品

田中 陽真厘

［制作者のコメント］

楽しい海の思い出を描きました。

［審査員のコメント］

お友達かな？ 家族かな？ 一緒に楽しそうです。

ポストカード部門 こどもの部　入賞作品

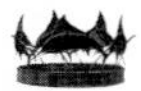

吉原 斉昭

Yoshihara Nariaki

（尾道市立土堂小学校）

私の海☆広島県

広島県（尾道と因島の間の海）

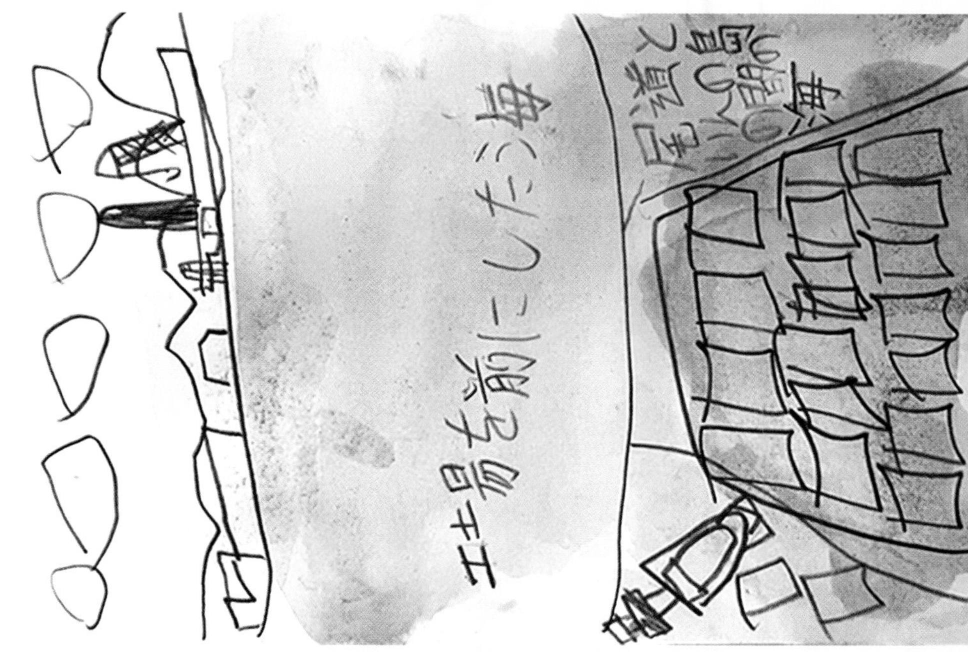

ポストカード部門 こどもの部　入賞作品

尾崎 りお

Ozaki Rio

（藍住町立藍住東小学校）

私の海☆徳島県

徳島県

海と日本プロジェクト徳島エリア賞

POST CARD

ポストカード部門 こどもの部 入賞作品

吉原 斉昭

［制作者のコメント］

家の近くの海岸です。いつも見ている景色です。僕の好きな場所です。

［審査員のコメント］

尾道ってまさにこんな感じ。色を使わない画風が、またいいですね。

POST CARD

ポストカード部門 こどもの部 入賞作品

尾崎 りお

［制作者のコメント］

吉野川の河口の干潟には、シオマネキが棲んでいます。干潟の生き物たちを守るために清掃活動や観察会もされています。かわいいシオマネキに会いに来てね。

［審査員のコメント］

シオマネキが自慢の大きなハサミでお出迎え！ 豊かな自然の守り神かな？
（海と日本PROJECT in とくしま）

ポストカード部門 こどもの部　入賞作品

平島 柚鈴
Hirashima Yurin
（太宰府アートのたね）

私の海☆福岡県

福岡県
海と日本プロジェクト福岡エリア賞

ポストカード部門 こどもの部　入賞作品

多田 彩乃
Tada Ayano
（太宰府アートのたね）

私の海☆福岡県

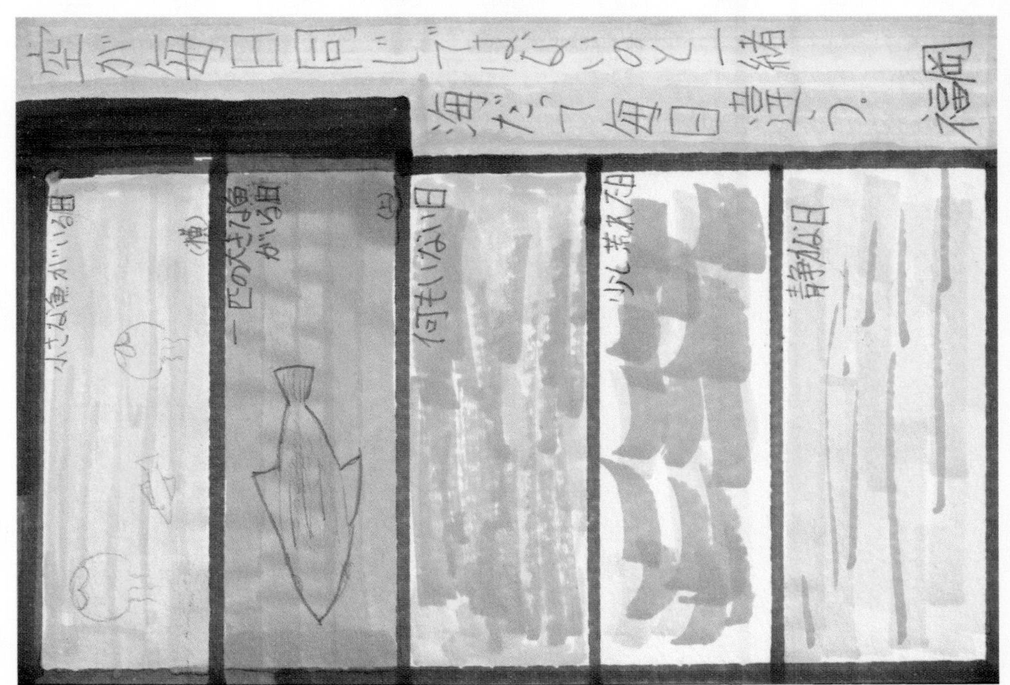

福岡県

POST CARD

ポストカード部門 こどもの部　入賞作品

平島 柚鈴

［制作者のコメント］

かわいい魚が泳いでいるといいなと思って描きました。海の中で楽しく過ごしている生き物を、いろんな色のクレヨンで描きました。

［審査員のコメント］

こどもならではのかわいらしい絵のタッチに魅了されました。海の中を「楽しい」と表現するところも素敵でした。（海と日本PROJECT in ふくおか）

ポストカード部門 こどもの部　入賞作品

多田 彩乃

［制作者のコメント］

青に対する憧れを表しました。

［審査員のコメント］

いろいろな海の青。すごくわかります。

POST CARD

ポストカード部門 こどもの部 入賞作品

梶山 奈巳
Kajiyama Nami
（こどものアトリエ／リブ教室）

私の海☆長崎県

長崎県（佐世保市 九十九島水族館海きらら）

ポストカード部門 こどもの部 入賞作品

工士 涼平
Kushi Ryohei
（宇土市立宇土幼稚園）

私の海☆熊本県

熊本県（宇土市）

POST CARD

ポストカード部門 こどもの部 入賞作品

梶山 奈巳

［制作者のコメント］

私がこの絵を描こうと思った理由は、お姉ちゃんが海の生き物が好きで水族館に行くと元気が出ると言っていたので、佐世保の海きららにいる魚を描いてみました。この絵を見てお姉ちゃんにもっともっと元気になってほしいです。

［審査員のコメント］

いろいろな魚がいて、確かに見ていると元気になります。

POST CARD

ポストカード部門 こどもの部 入賞作品

工土 涼平

［制作者のコメント］

宇土市には綺麗で豊かな海があるので、遊びに来てほしいなぁと思って絵を描きました。クーピーや絵の具を使っていろいろな色で描いたので、にぎやかで豊かな海を表せたと思います。魚やタコ、カニ、ヒトデなどを描くのが楽しかったです。

［審査員のコメント］

魚もタコもカニもヒトデも笑っていて、宇土へ会いに行きたくなります。

むすびに

家族や仲間と一緒に、海へ行きましょう！

「うみぽす」に応募した方々は、海なし県から応募された方は別として、何らかのカタチで海へ行って応募作品を制作したはずです。ここ数年はコロナ禍で、密を避ける場所として海は絶好の場所となったことでしょう。

しかし、最近は「砂がカラダにつくのが嫌だ」とか「日焼けするので」とか、海であるからこその楽しみを避ける傾向があって、残念でなりません。さらに「こどもは磯浜へ行かないほうがいい」という考え方もあるそうで、その理由は「岩場で転ぶとケガをするから」というのです。磯浜こそ、海洋生物たちと触れ合う絶好の場所です。多少の擦り傷を負うこともまた、海での危険を回避する術を学ぶ場所でもあります。

最近、脚光を浴びている海洋プラスチック問題に関しても、海辺に行って、実際に浜辺や磯辺に流れ着いているペットボトルやビニール類を目の当たりにすることによって、私たち人類が海に対してしてきたことを実感することができます。

人類は海から生まれました。そして、魚介類などの食料にしても、船舶による海上流通にしても、海からの恩恵を得て私たちは生きてきました。その海を汚してきたのは、地球上のあらゆる生物の中で、人類だけです。

「うみぽす」に応募している人たちが海に行っているのは当然ですが、自分だけが行くのではなく、周囲の海離れしている人たちを誘って海へ行きましょう！安全に留意しつつ、海へ行って、海の素晴らしさを感じ、海の生物たちの営みに触れ、汚染されている海を直視しましょう。

そして「うみぽす」に応募するのです。写真を撮ったり、絵を描いたり、キャッチフレーズを考えたりしているうちに、海に対して私たちが何をすべきか、小さな何かを感じ取っていただけたら、「うみぽす」の意義があると思うのです。

海のPRコンテスト「うみぽす2022」
実行委員会　委員長　田久保雅己

うみぽす甲子園

ポスターとプレゼンで競う高校生のコンテスト

うみぽす甲子園は、海の課題に対する解決方法のアイデアをポスターにして、その内容を自らプレゼンテーションするコンテストです。
全国から171チーム、202作品の応募があり、予選を勝ち抜いた14チームが2022年夏、東京で決勝を行いました。

https://umipos.com/koshien/

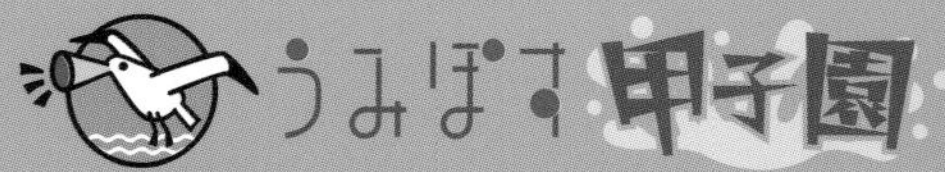

優勝

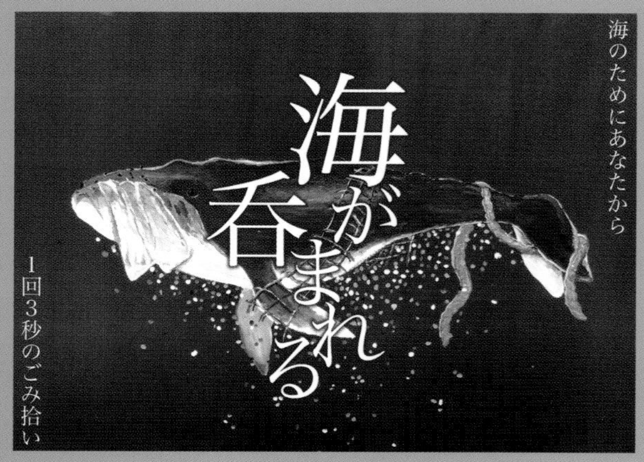

鹿児島県　鳳凰高等学校 UMI plus

準優勝／SNS賞

大阪府　大阪女学院高校　Bubbles

石原良純賞

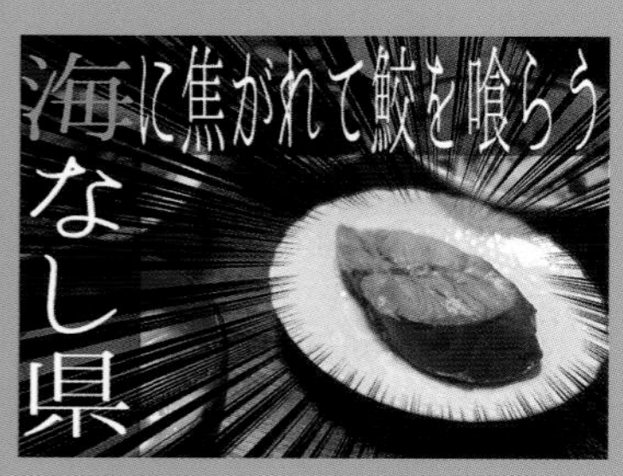

栃木県
栃木県立矢板東高等学校
リベラルアーツ同好会

Chocomoo賞

京都府
京都先端科学大学附属
高等学校 Business Lab

鈴木香里武賞

岡山県
笠商ゆクエスト

清野聡子賞

静岡県
浜松学芸高校
地域創造コース

各賞受賞作品

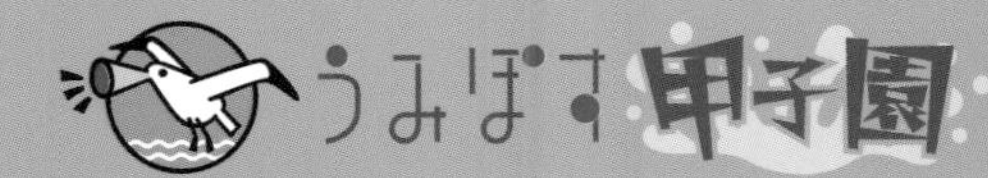

ファイナリスト賞

北海道
立命館慶祥チーム

ファイナリスト賞

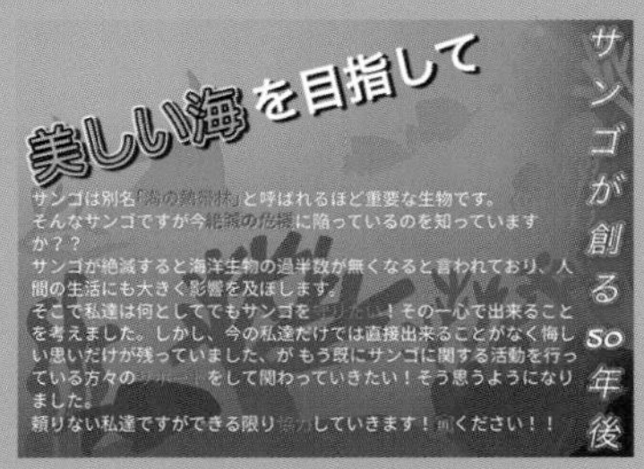

神奈川県
よこはまひとりざわ
ボランティア部

ファイナリスト賞

静岡県
東海大学付属
静岡翔洋高等学校
海洋戦隊シーレンジャー総本部

ファイナリスト賞

兵庫県
学校法人松蔭女子学院
松蔭高等学校
Blue Earth Project Milk

ファイナリスト賞

香川県
香川県立高松東高等学校
芸術探究チーム

ファイナリスト賞

愛媛県
愛媛県立南宇和高等学校
地域振興研究部

ファイナリスト賞

鹿児島県
与論高等学校
ゆんぬんちゅ

ファイナリスト賞

沖縄県
沖縄県立久米島高等学校
あーちゃんず

海と日本PROJECTについて

日本は、世界でも唯一「海の日」を国民の祝日として定めている国であり、その社会や文化は、海に囲まれた環境の中で形づくられてきており、食べ物や生活道具、名前や地名、文学、歌、暦、歳時、祭りなど、さまざまなものが海と結びついている。しかしながら日本財団が独自に行った調査では、10代・20代の若者の約4割が海に親しみを感じていないことが分かるなど、日本人の特に若年層と海との親和性や関係性が希薄になりつつある。

一方で、世界に目を向けると、世界の人口が急速に増加を続ける中、海洋生物資源の乱獲、生態系のバランス崩壊、海の酸性化、気候変動や自然災害、海底資源の開発競争、海洋権益をめぐる争いなど、海の危機は一層深刻さを増している。

このような状況を踏まえ、海の日が20回目を迎える2015年を機に始まった「海と日本PROJECT」(2016年に「海とつながるプロジェクト」から名称及びロゴを変更)は、全国のさまざまな地域で趣向を凝らした取り組みを実施することで、海に囲まれた国、日本に暮らす私たち一人ひとりが、海を「自分ごと」としてとらえ、海を未来へ引き継ぐための行動(アクション)の輪を広げていくため、日本財団の旗振りのもと、オールジャパンで推進するプロジェクトである。

2022年のうみぽすは、
各地で海と日本PROJECTの活動を推進する

「海と日本PROJECT in ○○」

実行委員会のご協力で実施しました。

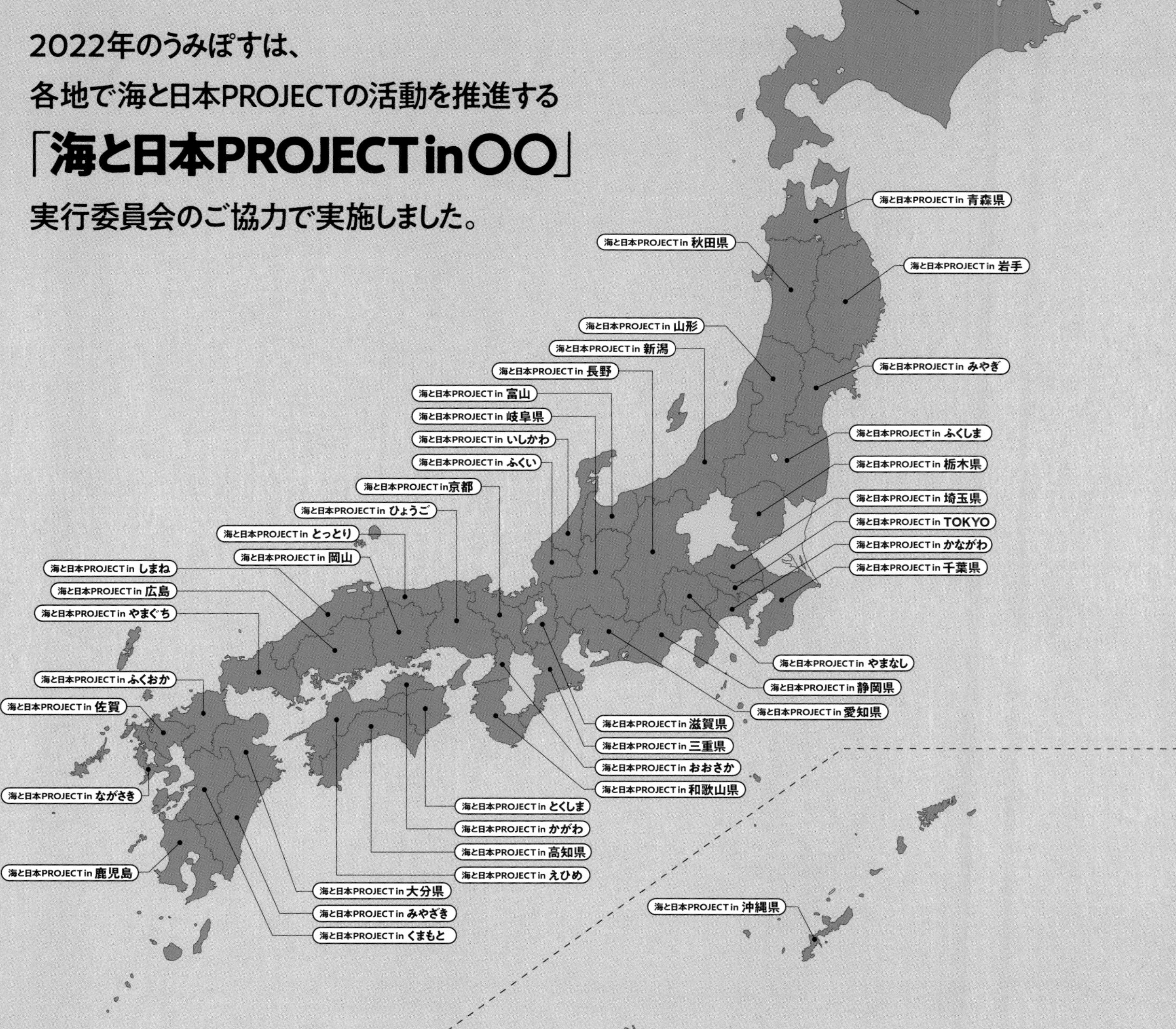

S T A F F

編集長 EDITOR IN CHIEF

田久保 雅己 *Takubo"Sammy"Masami*

編集スタッフ EDITORIAL STAFF

鈴木 喜博 *Suzuki Yoshihiro*

編集協力 EDITORIAL COLLABORATOR

内田 聡 *Uchida So*（海洋連盟）
加藤 才明 *Kato Toshiaki*（GTO）
後藤 学 *Goto Manabu*（海洋連盟）
堀内 一也 *Horiuchi Kazuya*（海洋連盟）

カメラ PHOTOGRAPHER

小原 泰広 *Ohara Yasuhiro*

イラストレーター ILLUSTRATOR

小林 隆 *Kobayashi Takashi*

装丁 COVER DESIGN

佐藤 和美 *Sato Kazumi*

発行人 PUBLISHER

植村 浩志 *Uemura Hiroshi*

公益財団法人 日本財団
「海と日本PROJECT」助成事業

海のPRコンテスト
「うみぽす2022」作品集

2023年3月25日発行 定価：1,100円（本体1,000円+税10%）

［発行所］株式会社 舵社
〒105-0013 東京都港区浜松町1-2-17 ストークベル浜松町3F
［代　表］TEL 03-3434-5181 FAX 03-3434-5860
［販売部］TEL 03-3434-4531 FAX 03-3434-2640
［印　刷］株式会社 大丸グラフィックス

制作協力

海のPRコンテスト「うみぽす2022」実行委員会
［主　催］一般社団法人 海洋連盟
〒104-0045 東京都中央区築地4-10-6 三輝ビル403
［代　表］TEL 03-6281-5033 FAX 03-6281-5030

［共　催］公益財団法人 日本財団／株式会社 舵社

ISBN 978-4-8072-1160-9

書店または当社へなるべく予約ご購読ください。
書店に常備のない場合でも、ご注文になればすぐに取り寄せられます。